U0471570

柳诒徵讲中国古代文化史

柳诒徵 著

·南京·

图书在版编目（CIP）数据

柳诒徵讲中国古代文化史 / 柳诒徵著. -- 南京 : 河海大学出版社, 2021.1
ISBN 978-7-5630-6556-1

Ⅰ. ①柳… Ⅱ. ①柳… Ⅲ. ①文化史－研究－中国－古代 Ⅳ. ①K220.3

中国版本图书馆 CIP 数据核字（2020）第 217095 号

书　　名 / **柳诒徵讲中国古代文化史**
LIUYIZHENG JIANG ZHONGGUO GUDAI WENHUASHI
书　　号 /ISBN 978-7-5630-6556-1
责任编辑 / 毛积孝
特约编辑 / 何　薇　　叶青竹
特约校对 / 王春兰
出版发行 / 河海大学出版社
地　　址 / 南京市西康路 1 号（邮编：210098）
电　　话 /（025）83737852（总编室）
（025）83722833（营销部）
经　　销 / 全国新华书店
印　　刷 / 三河市双峰印刷装订有限公司
开　　本 / 880mm×1230mm　1/32
印　　张 / 9
字　　数 / 201 千字
版　　次 / 2021 年 1 月第 1 版
印　　次 / 2021 年 1 月第 1 次印刷
定　　价 / 79.80 元

《大师讲堂》系列丛书
▶ 总序

/ 吴伯雄

梁启超说：“学术思想之在一国，犹人之有精神也。”的确，学术的盛衰，关乎一个民族的精神气象与文化氛围。民国是一个动荡不安的时代，内忧外患，较之晚清，更为剧烈，中华民族几乎已经濒临亡国灭种的边缘。而就是在这样日月无光的民国时代，却涌现出了一批批大师，他们不但具有坚实的旧学基础，也具备超前的新学眼光。加之前代学术的遗产，西方思想的启发，古义今情，交相辉映，西学中学，融合创新。因此，民国是一个大师辈出的时代，梁启超、康有为、严复、王国维、鲁迅、胡适、冯友兰、余嘉锡、陈垣、钱穆、刘师培、马一孚、熊十力、顾颉刚、赵元任、汤用彤、刘文典、罗根泽……单是这一串串的人名，就足以使后来的学人心折骨惊，高山仰止。而他们在史学、哲学、文学、考古学、民俗学、教育学等各个领域所取得的成就，更是创造出了一个异彩纷呈的学术局面。

岁月如轮，大师已矣，我们已无法起大师于九原之下，领教大师们的学术文章。但是，“世无其人，归而求之吾书”（程子语）。

大师虽已远去，他们留下的皇皇巨著，却可以供后人时时研读。时时从中悬想其风采，吸取其力量，不断自勉，不断奋进。诚如古人所说：“圣贤备黄卷中，舍此安求？”有鉴于此，我们从卷帙浩繁的民国大师著作当中，精心编选出版了这一套“大师讲堂系列丛书”，分辑印行，以飨读者。原书初版多为繁体字竖排，重新排版字体转换过程当中，难免会有鲁鱼亥豕之讹，还望读者不吝赐正。

吴伯雄，福建莆田人，1981 年出生。2003 年考入福建师范大学古代文学研究系，师从陈节教授。2006 年获硕士学位。同年 9 月考入复旦大学中文系古代文学专业，师从王水照先生。2009 年 7 月获博士学位。同年 9 月进入福建师范大学文学院古代文学教研室工作。推崇“博学而无所成名”。出版《论语择善》（九州出版社），《四库全书总目选》（凤凰出版社）。

目录

第一章　中国人种之起源

中国人种之起源，盖不可考。其故有二：

（一）无文字之证。研究历史，自来皆依据文字。吾人今日所知之文字，仅能及于商、周之时，所读之书，大抵周、秦以来之书。周、秦之人之去太古，不知若干万年。视吾人之去周、秦之年岁，不止十百倍蓰。故虽周、秦人相传之说，不能尽信为正确之史料。后世穿凿附会之说，更不足言。

（二）无器物之证。仅据文字以考史事，不过能识有史以后之事，其未有文字以前之史事，仍无从考证。故欲推测人种之起源，必须得未有文字以前之器物以为证。近世东西学者，若劳夫尔及鸟居龙藏等研究中国各地所发现之石器，多不能定其时代，且谓其未必为中国民族之石器。盖古器湮沉，仅从浮土中略得数事，不足据以考史也。

周、秦之人，已知此理。故其推论古初，约有二法：

（一）约举其理。

《易·序卦》：“有天地然后有万物，有万物然后有男女，有男女然后有夫妇，有夫妇然后有父子，有父子然后有君臣，有君臣然后有上下，有上下然后礼义有所错。”

《乾凿度》：“有太易，有太初，有太始，有太素。太易者，未见气也；太初者，气之始也；太始者，形之始也；太素者，质之始也。气形质具，而未相离，故曰浑沦。浑沦者，言万物相浑沦而未相离也。视之不见，听之不闻，循之不得，故曰易也。易无形埒，易变而为一，一变而为七，七变而为九。九者，气之究也，乃复变而为一。一者，形变之始也。清轻者上为天，浊重者下为地，冲和气者为人。故天地含精，万物化生。”

古无文字，无名号，无年代，故人类起源之时，不可确指，仅能以理想推测其发生次序如此。今人以地质及古物，推究人类之年代及进化之次第，亦仅约计，不能如有史以后之事实，可确指其距今若干年，在何地，有何事实也。

（二）斥言其诬。

《列子·杨朱篇》：“杨朱曰：太古之事灭矣，孰志之哉？三皇之世，若存若亡；五帝之事，若觉若梦。三王之事，或隐或显，亿不识一；当身之事，或闻或见，万不识一；目前之事，或存或废，千不识一。太古至于今日，年数固不可胜纪，但伏羲以来，三十余万岁，贤愚好丑，成败是非，无不消灭，但迟速之间耳。”

此论极诋历史为不可信。盖谓吾人于目前之事，亦不能尽得其真相，况欲上考太古乎？其谓“太古之事灭矣，孰志之哉”，亦可见有史以后，虽不能谓史事完全真确，尚可确知有人志记；有史以前，既无人为之记录，但凭后人推测，则更属渺茫矣。

后世治历史者，因亦不复远溯古初，仅自羲、农、黄帝、尧、舜以来言之。而近世学者，以西人称吾国人种来自西方，于是周、秦以来所不能确定而质言者，今人转凿凿言之。或谓来自中央亚细亚，或谓来自阿富汗，或谓来自巴比伦，或谓来自于阗，或谓来自马来半岛，众说纷纭，莫衷一是。而以法人拉克伯里（Laconperie）所倡“中国太古文明西元论”最为学者所信。

> 《中国人种从来考》（丁谦）：“中国史书，皆始于盘古，而三皇继之，伏羲、神农、黄帝又继之，并无言他处迁来之事。自光绪二十年（公元一千八百九十四年）法人拉克伯里著《中国太古文明西元论》，引据亚洲西方古史，证中西事物法制之多同，而彼间亦实有民族东迁之事。于是中东学者，翕然赞同，初无异词。且搜采古书，以证明其说。如刘光汉之《华夏篇》《思故国篇》，黄节之《立国篇》，章太炎之《种姓篇》，蒋观云之《中国人种考》，及日本人所著之《兴国史谭》等，虽各有主张，要无不以人种西来之说为可信。”

而德人夏德（F.Hirth）所著《中国太古史》，力斥拉克伯里之傅会，近日学者亦多驳斥其说。盖中国古书，多不可信，年代对比，亦难正确。如谓巴克民族为盘古，当先确定盘古之有无。

> 《中国人种从来考》（丁谦）：“西史谓徙中国者为巴克民族，巴克乃盘古转音。中国人谓盘古氏开辟天地，未免失实，而盘古氏之为中国始迁祖，则固确有可考矣。”
>
> 《五运历年记》（徐整）：“元气濛鸿，萌芽兹始，遂分天地，肇立乾坤。启阴感阳，分布元气，乃孕中和，是为人也。首生盘古，垂死化身，气成风云，声为雷霆，左眼为日，右眼为月，四肢五体为四极五岳，血液为江河，筋脉为地里，肌肉

为田土，发髭为星辰，皮毛为草木，齿骨为金石，精髓为珠玉，汗流为雨泽，身之诸虫，因风所感，化为黎甿。”

《三五历记》：“天地混沌如鸡子，盘古生其中，万八千岁，天地开辟。阳清为天，阴浊为地，盘古在其中，一日九变，神于天，灵于地。天日高一丈，地日厚一丈，盘古日长一丈。如此万八千岁，天数极高，地数极深，盘古极长。后乃有三皇。”（此等荒诞之说，丁氏亦知失实，然犹信盘古为中国始迁祖，则傅会之过也。）

《中国历史》（夏曾佑）：“盘古之名，古籍不见，疑非汉族旧有之说。或‘盘古’‘盘瓠’音近。盘瓠为南蛮之祖。此为南蛮自说其天地开辟之文，吾人误用以为己有也。故南海独有盘古墓，桂林又有盘古祠。不然，吾族古皇，并在北方，何盘古独居南荒哉？”

谓霭南国王为黄帝，亦难确定黄帝之年代。

《中国人种从来考》（丁谦）：“西亚古史，中国人种为丢那尼安族。其族分二派，一思米尔，一阿加逖，皆起于亚洲中境。思米尔人先入美索波达米南境，建立迦勒底国。阿加逖人后至沙蛟山麓，建都城于苏萨，称霭南国。其王廓特奈亨台兼并迦勒底诸部，既乃率其种人，迁入中华，谓即黄帝。以此王时代在公元前二千二百八十年间也。但其说不确。因此年数，即彼土亦不衷一，或谓在二十四世纪至二十七世纪。据《竹书》所纪之年，上推黄帝，为二千六百二十年，与第一说不相应，而与第二说差近。但亦无实证，不足为凭。”

《中国通史》（陈汉章）："近今一般社说，并谓中国黄种，皆黄帝子孙，而黄帝实由西北方迁徙而来。按法人拉克伯里说，以奈亨台为丢那尼安种，非塞米的种与黄种合矣。底格里士河边地，与幼发拉的河侧地，并即迦勒底古国，而里海西岸之巴克，并其统领迦勒底国之地，当时实为波斯巴撒迦特族人所居。若率巴克民族东来，则东来者仍是白种（西人说波斯古国者，或云哈母种，或云阿利安种，皆白种），非黄种。且公元前二千八百八十二年，当中国颛顼帝之二十二年，犹得以底格里士河边之酋长，由土耳其斯坦来中国者为黄帝乎？"

至以八卦与楔形字为一源，则无论年代不合，但以卦象与楔形字比而观之，一则有横无纵，而数止于三；一则纵横兼备，而笔画亦无定数。虽至愚极浅之人，亦可知其不类也。

《中国通史》（陈汉章）："或谓八卦即巴比伦之楔形文字，试问巴比伦始造尖槨文字，在公元前二千一百四十七年，当中国帝挚时，能与伏羲时代附合乎？"

中国人种之起源，既不可知，以从来所传不可尽信之说。比而观之，大约可得二义：

一则出于多元也。羲、农以前之事，多见于纬书。论者谓纬书为古史书。

《癸巳类稿》（俞正燮）："纬书论纬者，古史书也。孔子定六经，其余文在太史者，后人目之为纬。"

今其书亦不完，即其所存者观之，多荒诞不经之说，犹各国古史之有神话也。诸纬书所述古事，始于三皇，继分十纪：

《春秋命历序》：“天地初立，有天皇氏，十二头，淡泊无所施为，而俗自化，木德王，岁起摄提，兄弟十二人，立各一万八千岁。地皇，十一头，火德王，一姓十一人，兴于熊耳龙门山，亦各万八千岁。”“人皇，九头，提羽盖，乘云车，使风雨，出旸谷，分九河。”“人皇出于提地之国，九男九兄弟相似，别长九国，凡一百五十世，合可万五千六百年。”“自开辟至获麟，二百二十七万六千岁，分为十纪。每纪为二十六万七千年，凡世七万六百年。一曰九头纪，二曰五龙纪，三曰摄提纪，四曰合雒纪，五曰连通纪，六曰序命纪，七曰循蜚纪，八曰因提纪，九曰禅通纪，十曰疏仡纪。”按纬书所云十纪，并未实指某纪有某氏某氏，惟云“人皇九头”，故曰“九头纪”，皇伯、皇仲、皇叔、皇季、皇少，五姓同期，俱驾龙，号曰“五龙”。至宋罗泌《路史》，杂采诸书，傅会其说始云摄提纪传五十九世，合雒纪传四世，连通纪传六世，序命纪传四世，循蜚纪传二十二世，有钜灵氏、句疆氏、谯明氏、涿光氏、钩陈氏、黄神氏、狟神氏、犁录氏、大骢氏、鬼骢氏、弇兹氏、太逢氏、冉相氏、盖盈氏、大敦氏、云阳氏、巫常氏、太一氏、空桑氏、神民氏、倚帝氏、次民氏。因提纪传十三世，有辰放氏、蜀山氏、豗傀氏、浑敦氏、东户氏、皇覃氏、启统氏、吉夷氏、几蘧氏、豨韦氏、大巢氏、燧人氏、庸成氏。禅通纪传十九世，有仓颉氏、轩辕氏、伏羲氏、女娲氏、大庭氏、柏皇氏、中央氏、栗陆氏、骊连氏、尊卢氏、祝融氏、混沌氏、昊英氏、有巢氏、葛天氏、阴康氏、朱襄氏、无怀氏、神农氏。

虽其说不尽无稽，要不可据为正确之系统也。

大抵出于臆造。然即此臆造之说推之，亦可立三义，以破后来之谬论：

（一）人类之生历年久远也。古无历法，则纪年必不能如后世之正确。所称若干万年，不过约举臆测，不能视为确数。然以地质证之，自生民之初至于有史时代，至少亦必经数十万年。若谓吾国茫茫九有，从古初无人类，必待至最近数千年中，始由巴比伦、中央亚细亚转徙而来，是则理之所不可信者也。

（二）人类之生不限一地也。天皇起于昆仑，则西方之种族也；地皇兴于熊耳、龙门，则中部之酋长也；人皇出于旸谷、九河，则东方之部落也。吾国地势，固西高而东下，然亦未必人类悉出于西方。吾意天皇、地皇、人皇，初非后先相继，特十口相传之说，谓吾国东、中、西三方，有最初发生之部落，因目之为天、地、人三皇，而后世遂以天、地、人分先后，若近世帝皇相嬗者然。实则纬书之言，仅可为人类初生不限一地之证，不当以后世帝皇例之也。

（三）一地之人各分部落也。天皇十二头，兄弟十二人；地皇十一头，一姓十一人；人皇九头，兄弟九人。此可见最古之时，但有人类，即分部落。部落之中，各有酋长。后世传说，谓其地之相近者，皆此一姓兄弟所据。实则其时父子夫妇之伦未分，恶有所谓兄弟，纬书之言若干头，犹后世盗贼分据山林，各拥头目耳。以此推之，合雒、禅通诸纪之某氏某氏，亦非一时代只有一氏，盖同时有若干部落，即有若干氏。其纷争合并之迹，虽不可详考，要之羲、农以后所谓华夏之族，实由前此无数部落混合而成。必实指此种族为崛兴于某地，或由来于某地，凿矣。

彼以为中国土著，只有一族，后之战胜者，亦只外来之一族者，皆不知古书之传说，固明示以多元之义也。

次则兴于山岳也。世多谓文明起于河流，吾谓吾国文明，实先发生于山岳。盖吾国地居大陆，人种之生，本不限于一地，其拥部众而施号令者，必具居高临下之势，始可以控制多方。非若海滨岛国，地狭人少，徒取一隅之便利也。周、秦诸书，虽不尽可据为上古之信史，然自来传说，古代诸部兴于山岭者多，而起于河流者少。如天皇兴于柱洲昆仑山，地皇兴于熊耳、龙门山，人皇兴于刑马山。出旸谷，分九河之类，实吾民先居山岭，后沿河流之证。更以其后言之，则证据尤多：

（一）君主相传号为林、烝。《尔雅》："林、烝，君也。"盖古之部落，其酋长多深居山林，故后世译古代林、烝之名，即君主之义。

（二）唐、虞时诸侯之长尚号为岳。《尚书》四岳之名，说者不一，或谓为一人，或谓四方各一人。要皆可证古者诸侯之长，多居山岳，故以岳为朝臣首领也。

（三）巡狩之朝诸侯必于山岳。舜巡四岳，禹会诸侯于涂山，即其证。

（四）人民相传号为丘民。《孟子》谓"得乎丘民为天子"。丘民，盖古者相传之称。《禹贡》有"降丘宅土"之文，是洪水以前及洪水时，民多居丘也。

（五）为帝王者必登山封禅。《管子》有云："古者封泰山、禅梁父者七十二家。而夷吾所记者，十有二焉：昔无怀氏封泰山禅云云，虙戏氏封泰山禅云云，神农氏封泰山禅云云，炎帝封泰山禅云云，黄帝封泰山禅亭亭，颛顼封泰山禅云云，帝喾封泰山禅云云，尧封泰山禅云云，舜封泰山禅云云，禹封泰山禅会稽，汤封泰山禅云云，周成王封泰山禅社首。”此非古人迷信山林之神也。最古之大部强酋，多居山岳，故后之为帝王者，虽已奠都造邑，亦必循古代之仪式，登山行礼，然后为众所推尊。《书》称“尧纳舜于大麓”，亦即此意也。

此外更有可玩味者，古代诸氏，虽皆后人传说，不尽可凭。然奕祀相传，不谓之某林某烝，或某君某主，而概称之曰氏，则氏字必有其定义。后世胙土始命之氏，氏之名义，实根于土。《说文》之释“氏”字，即援此义为说：

> 《说文》:“氏，巴蜀名山岸胁之𠂤旁箸欲落堕者曰氏。氏崩，声闻数百里。象形。段玉裁注：谓𠂤象傍于山胁也。氏之附于姓者类此。”

然则古所谓某氏某氏者，即所谓某山之部落，某山之酋长耳。诸氏并起于山，故后世傅会名山之古迹，往往有某某之丘，某某之台。

> 《山海经》：“有九丘，以水络之，名曰陶唐之丘。有叔得之丘、孟盈之丘、昆吾之丘、黑白之丘、赤望之丘、参卫之丘、武夫之丘、神民之丘。”“帝尧台、帝喾台，帝丹朱台、帝舜台，各二台，台四方，在昆仑东北。”

其后渐次混合，谋便交通，始有开辟河流、制作舟楫之事。此事实之次序，固可以理测度者也。

第二章　洪水以前之制作

部落时代，统系无征，年祀莫考。诸称某皇某帝之事迹年代，要皆仅可存疑。

《礼含文嘉》称："三皇：虙戏、燧人、神农。"

《春秋运斗枢》称："伏羲、女娲、神农，为三皇也。"

《潜夫论》（王符）："世多以伏羲、神农为三皇。其一者，或曰燧人，或曰祝融，或曰女娲，是与非未可知也。"

《春秋命历序》称五帝为："炎帝号曰大庭氏，传八世，合五百二十岁。黄帝一曰帝轩辕，传十世，二千五百岁。次曰帝宣，曰少昊；一曰金天氏，则穷桑氏，传八世五百岁。次曰颛顼，则高阳氏，传二十世，三百五十岁。次是帝喾，即高辛氏，传十世，四百岁。乃至尧。"

孔子删《书》，断自唐、虞。盖以唐尧时有洪水。考史者当以此为界限。洪水以前之文物，大都为洪水所荡涤，虽有传说，多不足据也。洪水之祸，历时甚久。

《中国历史》（夏曾佑）："《尧典》称洪水滔天，浩浩怀山襄陵，则其水之大可知。然不详其起于何时，一若起于尧时者然。今案女娲氏时，四极废，九州裂，水浩溔而不息。于是女娲氏断鳌足以立四极，积芦灰以止淫水。其后共工氏与颛顼争为帝，怒而触不周之山。共工氏振滔洪水，以薄穷桑，江淮流通，四海溟涬，民皆上丘陵，赴树木。似洪水之祸，实起于尧以前。特至尧时，人事进化，始治之耳。考天下各族述其古事，莫不有洪水，巴比伦古书言洪水乃一神西苏罗斯所造。洪水前有十王，凡四十三万年，洪水后乃今世。希伯来《创世纪》言耶和华鉴世人罪恶贯盈，以洪水灭之，历百五十日，不死者惟挪亚一家。最近发现云南倮倮古书，亦言洪水，言古有宇宙干燥时代，其后即洪水时代。有兄弟四五人，三男一女，各思避水，长男乘铁箱，次男乘铜箱，三男与季女同乘木箱。其后惟木箱不没，而人类遂存。观此，则知洪水为上古之实事。而此诸族者，亦必有相连之故矣。"

洪水之前后地势，亦有变迁。

《尸子》："古者龙门未开，吕梁未凿。河出于孟门之上，大溢逆流，无有丘阜高陵皆灭之，名曰鸿水。禹于是疏河决江，十年不窥其家。"

《墨子》："古者禹治天下，西为西河渔窦，以泄渠孙皇之水。北为防原派，注后之邸、嘑池之窦，洒为底柱，凿为龙门，以利燕、代、胡、貉与西河之民。东方漏之陆，防孟诸之泽，洒为九浍，以楗东土之水，以利冀州之民。南为江、汉、淮、汝，东流之，注五湖之处，以利荆楚、干越与南夷之民。”

然由洪水以后观之，社会事物，已渐完备，似非一时所能创造，则其渊源所自，必多因袭于前人。其由草昧榛狉，渐度开明之域，历年甚远，作者孔多。后世所传，逸文只句，虽多挂漏，尚可推寻。所谓“自古”“在昔”“先民有作”者，不得悉诋为谰言也。

记载洪水以前之制作者，莫详于《世本》，《世本》有《作篇》，专记历代之制作。今据高邮茆泮林所辑《世本》佚文，录之于下：

〔燧人〕燧人出火。造火者燧人，因以为名。

〔庖羲〕(一)伏羲以俪皮制嫁娶之礼。(二)庖羲氏作瑟。宓羲作瑟，八尺二寸，四十五弦。庖羲氏作五十弦，黄帝使素女鼓瑟,哀不自胜,乃破为二十五弦,具二均声。(三)伏羲作琴。伏羲作琴瑟。(四)伏羲臣芒氏作罗。芒作罔。

〔神农〕(一)神农和药济人。(二)神农作琴,曰神农氏琴。长三尺六寸六分，上有五弦。曰宫、商、角、徵、羽。文王增二弦，曰少宫、少商。(三)神农作瑟。

〔蚩尤〕蚩尤作兵。蚩尤以金作兵器。蚩尤作五兵,戈、矛、戟、酋矛、夷矛。

〔黄帝〕(一)黄帝见百物,始穿井。(二)黄帝乐名《咸池》。(三)黄帝造火食、旃冕。黄帝作旃冕。黄帝作旃。黄帝作冕旒。黄帝作冕。(四)羲和占日。(五)常仪占月。羲和作占月。(六)后益作占岁。(七)臾区占星气。(八)大挠作甲子。黄帝令大挠作甲子。(九)隶首作算数。隶首作数。(十)伶伦造律吕。(十一)容成造历。(十二)仓颉作书。仓颉造文字。沮诵、仓颉作书，并黄帝时史官。（十三）史皇作图。（十四）伯余作衣裳。（十五）胡曹作衣。胡曹作冕。（十六）於则作扉履。（十七）雍父作舂杵臼。（十八）胲作服牛。（十九）相土作乘马。（二十）腸作驾。（二十一）共鼓、货狄作舟。（二十二）女娲作笙簧。女娲作簧。（二十三）随作笙。随作竽。（二十四）夷作鼓。（二十五）挥作弓。（二十六）夷牟作矢。（二十七）巫彭作医。

〔颛顼〕祝融作市。

上皆唐、虞洪水以前之制作也。其唐、虞前之制作，未能确定为洪水前后者。如：

〔尧〕（一）巫咸初作医。巫咸作筮。巫咸作鼓。（二）无句作磬。（三）化益作井。

〔舜〕（一）舜始陶，夏臣昆吾更增加。（二）倕作规矩准绳。（三）垂作耒耜。垂作耒耜。垂作铫耨。（四）咎繇作耒耜。（五）伯夷作五刑。（六）箫，舜所造，其形参差，象凤翼，十管，长二尺。（七）垂作钟。（八）夔作乐。（九）磬，叔所造。（十）乌曹作簙。

〔夏〕（一）鲧作城郭。（二）禹作宫室。（三）奚仲作车。（四）夏作赎刑。（五）仪狄造酒。

亦见于《作篇》，皆可为研究古代社会开化之资料者也。外此则诸经、诸子记载古代之制作，亦可与《作篇》相参证。如：

《易・系辞》："古者包牺氏之王天下也，仰则观象于天，俯则观法于地，观鸟兽之文与地之宜，近取诸身，远取诸物，于是始作八卦，以通神明之德，以类万物之情。作结绳为罔罟，以佃以渔，盖取诸《离》。包牺氏没，神农氏作，斫木为耜，揉木为耒，耒耨之利，以教天下，盖取诸《益》。日中为市，致天下之民，聚天下之货，交易而退。各得其所，盖取诸《噬嗑》。神农氏没，黄帝、尧、舜氏作，通其变，使民不倦；神而化之，使民宜之。《易》，穷则变，变则通，通则久。是以自天佑之，吉无不利。黄帝、尧、舜垂衣裳而天下治，盖取诸《乾》《坤》。刳木为舟，剡木为楫。舟楫之利，以济不通，致远以利天下，盖取诸《涣》。服牛乘马，引重致远，以利天下，盖取诸《随》。重门击柝以待暴客，盖取诸豫。断木为杵，掘地为臼，杵臼之利，万民以济，盖取诸《小过》。弦木为弧，剡木为矢，弧矢之利，以威天下，盖取诸《睽》。上古穴居而野处，后世圣人易之以宫室。上栋下宇，以待风雨，盖取诸《大壮》。古之葬者，厚衣之以薪，葬之中野，不封不树，丧期无数。后世圣人，易之以棺椁，盖取诸《大过》。上古结绳而治，后世圣人易之以书契。百官以治，万民以察，盖取诸《夬》。”

《管子》：“虙戏作造六峜，以迎阴阳。作九九之数，以合天道。……黄帝作钻燧生火，以熟荤臊。”

《尸子》：“宓羲氏之世，天下多兽，故教民以猎。”

《吕氏春秋》：“大挠作甲子，黔如作虏首，容成作历，羲和作占日，尚仪作占月，后益作占岁，胡曹作衣，夷羿作弓，祝融作市，仪狄作酒，高元作室，虞姁作舟，伯益作井，赤冀作臼，乘雅作驾，寒哀作御，王冰作服牛，史皇作图，巫彭作医，巫咸作筮。”

《山海经》：殳始为侯，鼓、延是始为钟。番禺是始为舟。吉光是始以木为车。般是始为弓矢，晏龙是为琴瑟。帝俊有子八人，是始为歌舞。义均是始为巧垂，是始作下民百巧。后稷是播百谷。稷之孙曰叔均，始作牛耕。大比赤阴是始为国。禹、鲧是始布土，均定九州。

《白虎通》："神农制耒耜，教民农作。黄帝作宫室，以避寒暑。"《说文》：瑟，庖牺所作弦乐也。琴，神农所作。古者芒氏初作罗。古者夙沙氏初作煮海盐。黄帝初教作糜。古者黄帝初作冕。古者掘地为臼。古者共鼓、货狄刳木为舟，剡木为楫，以济不通。古者女娲作簧。古者随作笙。古者挥作弓。古者夷牟初作矢。古者巫彭始作医。古者巫咸初作巫。古者伯益初作井。古者昆吾作匋。古者垂作耒梠，以振民也。古者垂作钟。古者乌曹作簙。车，夏后氏奚仲所造。

《汉书》："黄帝作舟车，以济不通。"

《释名》："黄帝造车，故号轩辕氏。"

上皆可见洪水以前制作之盛。然诸书所言，多有抵牾，制作之方，亦未详举。吾侪研究古史，随在皆见可疑之迹。如《系辞》明言"神农氏作，斫木为耜，揉木为耒"，而《世本》称耒耜为垂与咎繇所作。马骕《绎史》虽谓垂为神农臣，与茆辑《世本》以垂为舜臣者不同，然咎繇固舜臣也。神农既已创作，何待咎繇更作？然此犹两书所言不同也。《世本》一书，即互有不同。如言伏羲作琴瑟，又言神农作琴瑟；言黄帝始穿井，又言化益作井；言夷作鼓，又言巫咸作鼓；言巫彭作医，又言巫咸初作医；言常仪占月，又言羲和作占月；言伯余作衣裳，又言胡曹作衣；言黄帝作冕旒，又言胡曹作冕。有同时而二人并作者，有异代而前后迭制者。是果何故欤？

《考工记》曰："知者创物，巧者述之。守之世，谓之工。百工之事，皆圣人之作也。烁金以为刃，凝土以为器，作车以行陆，作舟以行水，此皆圣人之所作也。"知创，巧述，皆得谓之作。而《世本》所载一器为前后迭作者，尤可见古代进化之迹。神农之去伏羲远矣，伏羲作琴瑟，大抵出于草创，未能完善，传至神农时，神农又加以研究，于是琴瑟之制，始渐如后世之制。后世溯其原始，独称伏羲不可也，独称神农亦不可也，则两记之。而草创与改良之人，均称曰作焉，此一义也。后世之人发明一物，往往有同时异地各不相谋者，矧古代交通不便，未有文书，仿效传播，不若后世之捷乎？黄帝作井之法，或限于一地，或久而失传。唐尧之时，化益别于一地作井，则作井之人，后先有二矣。神农作耒耜于陈，咎繇作耒耜于虞，度亦同之。此又一义也。发明创制不必一人，亦不必同时，伯余、胡曹皆作衣，犹之共鼓、货狄皆作舟，或相续为之，或各极其意匠，后世以其皆在黄帝时代，则并举曰黄帝时某某作某，是亦无足异也。

> 《检论·尊史篇》（章炳麟）："夫古器纯朴，后制丽则，故有名物大同，形范革良者，一矣。礼极而褫，乐极而崩，遗器坠失，光复旧物者，二也。此既冠带，彼犹毛薪，则其闭门创造，眇与佗会者，三矣。三者非始作，然皆可以作者称之。"

自燧人以迄唐、虞洪水之时，其历年虽无确数，以意度之，最少当亦不下数千年。故合而观其制作，则惊古圣之多；分而按其时期，则见初民之陋。牺、农之时，虽有琴瑟、罔罟、耒耜、兵戈诸物，其生活之单简可想。至黄帝时，诸圣勃兴，而宫室、衣裳、舟车、弓矢、文书、图画、律历、算数始并作焉。故洪水以前，实以黄帝时为最盛之时。后世盛称黄帝，有以也。然黄帝时之制作，或恃前人之经验，或赖多士之分工，万物并兴，实非一手一足之烈。故知社会之开明，必基于民族之自力，非可徒责望于少数智能之士。而研究历史，尤当涤除旧念，著眼于人民之进化，勿认开物成务，为一人一家之绩也。

第三章　家族及私产制度之起源

上古历史，虽多懵昧难考，然即周、秦以来之书，推究上古社会之状况，亦往往有端绪可寻。盖自草昧社会进而至于开明，其中阶级甚多，必经若干年岁之蜕化，始渐即于完成。而后来社会之语言、文字、思想、制度，亦必仍有前此之迹象，蝉联寓伏于其中。由后推前，不难见其经过之迹也。今世学者研究社会制度，病其拘牵束缚，欲一切破坏，以求其理想中廓然大公之境，实则草昧社会本无后来一切制度，而人类之思想，所以必构造此拘束人生自由之具，相沿至于数千年者，要必有其不得已之故。此非研究上古历史，无以明其由来也。

上古之社会无所谓家族也。人类之生，同于禽兽，男女无别，亦无名称。

《说文》："男，丈夫也，从田力，言男子力于田也。"龟甲古文男字作[illegible]，钟鼎文作[illegible]。据此可知男女之别，起于农业既兴之后。渔牧时代，男女群行，初无分别，至后服田力穑，则为男子专职。女子家居，席地作事，别有所持。是皆可以文字推求其原始者也。

至于伏羲之时，始有夫妇之制。

《白虎通》：“古之时，未有三纲六纪。民人但知其母，不知其父，能覆前而不能覆后。卧之詓詓，起之吁吁。饥即求食，饱即弃余，茹毛饮血而衣皮革。于是伏羲仰观象于天，俯察法于地，因夫妇，正五行，始定人道。”

其源创制之始，必以人类男女之欲，不可漫无禁制。不立夫妇之制，则淫污争夺，其害有不可胜言者。以后世婚礼推之，即知其制之出于不得已矣。

《中国历史教科书》（刘师培）：“上古婚礼未备，以女子为一国所共有，故民知母不知父。且当时之民，非惟以女子为一国所共有也，且有劫夺妇女之风。凡战胜他族，必系累妇女，以备嫔嫱，故取女必于异部。而妇女亦与奴婢相同。其始也，盛行一妻多夫之制，及男权日昌，使女子终身事一夫，故一妻多夫之制革，而一夫多妻之制，仍属盛行。伏羲之世，虑劫略之易于造乱，乃创为俪皮之礼，定夫妇之道。而女娲亦佐伏羲定婚礼，并置女媒。然俪皮之礼，即买卖妇女之俗也。故视妇女为财产之一。后世婚姻行纳采、纳吉、问名、纳徵、请期、亲迎六礼，纳采、纳吉皆奠雁，而纳徵则用玄纁束帛，所以沿买卖妇女之俗也。而亲迎必以昏者，则古代劫略妇女，必乘妇女之不备，且使之不知为谁何，故必以昏时。”

按刘氏之说，大致可以证明婚姻制度因乱交而起，至以聘礼为买卖，则有未当。古者相见必执贽，或执羔，或执雁；国家聘使，则以玉帛；所以表示敬礼，不得谓之买卖也。婚姻之道，男下女，女从男，故男子以其所有赠遗于女氏，游猎之民所有者惟兽皮，爰以此为赠品。后世相沿，则委禽焉。非恶俗也。

伏羲之时，渔猎之时代也。家族等名起于猎。

> 《说文》："家，居也。从宀，豭省声。"古文"家"从古文"豕"。

按豕为家畜。屋下覆豕，实为私产之起源。有私家之观念，于是有私产之制度。"家"字虽未必起于伏羲之时，然后世造字之观念，必根于前人之思想，可断言也。

> 《说文》："族，矢锋也。束之族族也。从㫃从矢。㫃所以标众，众矢之所集。"

按族之本义为矢族，后衍为亲族之谊。其字亦必不起于伏羲之时，然族之所以为亲族者，大抵因血统相近。部落相邻之人，同事畋猎，或相争夺，于是各树旗帜，以供识别。凡在一旗帜之下者，即为一族。故古之分族，犹满洲之分旗也。

财产之制起于渔。

> 《说文》："贝，海介虫也……古者货贝而宝龟。"

按所谓古者，未知何时。而以贝为货，必起于渔。“货”“财”等字皆从“贝”，知人之私财，由渔得贝，矜为奇宝而起。人类之有私心，其来固以久矣。降而至于神农之世，由渔猎进而为农田，人有定居，益爱护其私产。

《说文》：“里，居也，从田从土。”段玉裁曰：“有田有土，而可居矣。”

按游牧之民无定居，农业之民则有定居。有定居，则爱护私产之念益深，此定理也。由田土而有疆界。

《说文》：“畕，比田也。”“畺，界也，从畕，三其界画也。”

按“畺”起于田土之界，后世引申为国家郡邑之疆界。据此，是有田土即有此畺尔界之意。渔猎之时，无界限也。由居宅而有公私。

《韩非子·五蠹篇》：“古者仓颉之作书也，自环者谓之厶，背私谓之公。”

按“自环”者，人私其居，筑为垣墉，以自围匝也。字起于仓颉，而人之有私意，必在仓颉之先。又按后世以私为厶，而稼字从禾，家声；穑字从禾，啬声。可见农业之人，各私其家，务为吝啬，胜于他业矣。《说文》：“啬，爱濇也。”田夫谓之啬夫，盖田夫多务盖藏，不肯以所得公之于人也。种谷作酒，宴其部族，而酋长尊属，遂由之起。

《说文》：“酋，绎酒也。”“尊，酒器也。”

按酋长等义，皆引申之义。是古代初无尊卑，由种谷作酒之后，始以饮食之礼而分尊卑也。原其所以私田产而分尊卑，要亦以人类彼此争攘，无有餍足，非各谋自卫，有家族之组织，不能免祸而争存也。

人类有私必有争，有争而私心愈炽。有圣哲出，或因其私而严为限制，或因其争而别谋变通。故家族之制，相沿不废，而商市井田之制，则因争因私而谋所以调剂之者也。日中为市始于神农。盖由私有之物，不能供其所需，故必甲以私有之物，易乙丙私有之物，而后欲望始平。《易》称“交易而退，各得其所”者，即各得其私心之所需也。然提挈负戴之物，可持以入市交易者，有市易以厌其欲，而田土家屋之不可持以为市者，犹时有多寡、肥瘠、遗传、继续、侵占无主之争，无善法以处之，则生人贼杀斗争之祸未已也。浸淫至于黄帝之时，于是以田土为公有，而井田之法起焉。

《通典》：“昔黄帝始经土设井，以塞争端，立步制亩，以防不足。使八家为井，井开四道而分八宅。凿井于中，一则不泄地气，二则无费一家，三则同风俗，四则齐巧拙，五则通财货，六则存亡更守，七则出入相同，八则嫁娶相媒，九则有无相贷，十则疾病相救。是以情性可得而亲，生产可得而均。均则欺凌之路塞，亲则斗讼之心弭。”

按井田之始，专为塞争，亦犹市易之使人各得其所也。土地所有权虽属于公而不得私，而八家各遂其私，是实限制私产之意，特求私产之平均耳。《通典》所言十利虽详，而授受之法，初未陈述。疑黄帝时仅肇其端，亦未遍行于各地。历唐、虞、夏、商而至周，始详制其授受之法也。

第四章　政法之萌芽

太古之世，无所谓政治，亦无所谓君主，各分部落，不相统一。剥林木以为兵，用水火以胜敌，强凌弱，大吞小。不知经若干之岁月，始渐由众部而集为大群。

> 《吕氏春秋·荡兵篇》："兵所自来者久矣。黄、炎故用水火矣，共工氏故次作难矣，五帝固相与争矣。递兴递废，胜者用事。人曰'蚩尤作兵'，蚩尤非作兵也，利其械矣。未有蚩尤之时，民固剥林木以战矣。胜者为长，长则犹不足治之，故立君；君又不足以治之，故立天子。天子之立也出于君，君之立也出于长，长之立也出于争。"

其群愈大者，其争亦愈烈。蚩尤、共工，战祸最酷。

按《汉书·古今人表》，列共工于女娲氏后。《太平御览》引《黄帝世纪》："女娲氏末，有诸侯共工氏，任智刑以强伯。"而《列子》《淮南子》诸书，或云共工与颛顼争帝，或云共工与高辛争帝。《管子·揆度篇》称："共工之王，水处十之七，陆处十之三，乘天势以隘制天下。"盖共工氏为古部落之最强者，自伏羲氏之末，至高辛氏时，常为世患，其子孙部落，固袭称共工氏。即其同盟之部落，散处各地者，亦以共工氏之名号，表示于敌。故有“水处十七，陆处十三”之说。盖水陆各地，在在有共工氏之名号也。章炳麟《检论•尊史篇》：“古者王伯显人之号，或仍世循用，不乃摭取先民，与今欧罗巴人无异。”是可知古代共工之多，实非一人。蚩尤为炎帝时诸侯，而《汉书•高帝纪》注，臣瓒引《大戴礼•用兵篇》，谓蚩尤为庶人之贪者。《书经》释文引马融说，又谓蚩尤为少昊末九黎君号。亦犹共工之不一其人也。《龙鱼河图》称蚩尤兄弟八十一人，或曰七十二人。盖同时称兵之酋长有七八十人，皆以蚩尤为号，故谓之为兄弟耳。虽经炎、黄之圣，亦不必取诸部而一一平之，故挞伐与羁縻之策并行。凡举部族以从号令者，即因其故土而封之，使世袭为侯国。此封建之制所由起也。

《封建论》（柳宗元）：“封建非圣人意也。彼其初与万物皆生，草木榛榛，鹿豕狉狉，人不能搏噬，而且无毛羽，莫克自奉自卫。荀卿有言，必将假物以为用者也。夫假物者必争，争而不已，必就其能断曲直者而听命焉。其智而明者，所伏必众。告之以直而不改，必痛之而后畏，由是君长刑政生焉。故近者聚而为群。群之分，其争必大，大而后有兵。有德又有大者，众群之长，又就而听命焉，以安其属。于是有诸侯之列，则其争又有大者焉。德又大者，诸侯之列又就而听命焉，以安其封。于是有方伯连帅之类，则其争又有大者焉。德又大者，方伯连帅之类又就而听命焉，以安其人，然后天下会于一。是故有里胥而后有县大夫，有县大夫而后有诸侯，有诸侯而后有方伯连帅，有方伯连帅而后有天子。自天子至于里胥，其德在人者，死必求其嗣而奉之。故封建非圣人意也，势也。”

封建之制，实为吾国雄长东亚，成为大一统之国家之基。而外观虽号统一，内部之文化实分无限之阶级。自太古以至今日，无论何时何代，举不能以一语概括其时全国文化之程度。此实治中国历史者所当知之第一义也。上古之人，观于邻近部落之多及其降服酋豪之众，而旷览大地，实亦广漠无穷，故往往好为大言，以自表其所辖之广远。后世传述其说，因亦不加深考。

《春秋命历序》：“神农始立地形，甄度四海，远近山川林薮所至，东西九十万里，南北八十三万里。”（引此第以见古人好为夸词，不必深究其以若干为一里。）

《史记·五帝本纪》：“（黄帝）置左右大监，监于万国。”

《汉书·地理志》：“昔在黄帝，作舟车以济不通，帝行天下，方制万里，画野分州，得百里之国万区。”

实则当时土地之开辟者，曾不足方数千里，而其建置国家，亦必不能整齐画一，如画棋局然。所谓国家，不过如今之村落。其数或逾万，或不迨数千，亦不能确定也。

当时诸侯之国，固甚藐小，即各部落所共戴之中央政府，亦未必能统辖若干地域。观于相传之辅佐之数，及其官吏所掌职务，即可推见其政刑之简。

《论语摘辅象》：“伏羲六佐：金提主化俗，鸟明主建福，视默主灾恶，纪通为中职，仲起为海陆，阳侯为江海。”“黄帝七辅：风后受金法，天老受天箓，五圣受道级，知命受纠俗，窥纪受变复，地典受州络，力墨受准斥。州选举，翼佐帝德。”

《左传·昭公十七年》：“郯子曰：昔者黄帝氏以云纪，故为云师而云名；炎帝氏以火纪，故为火师而火名；共工氏以水纪，故为水师而水名；太皞氏以龙纪，故为龙师而龙名。我高祖少皞挚之立也，凤鸟适至，故纪于鸟，为鸟师而鸟名：凤鸟氏，历正也；玄鸟氏，司分者也；伯赵氏，司至者也；青鸟氏，司启者也；丹鸟氏，司闭者也；祝鸠氏，司徒也；雎鸠氏，司马也；鸤鸠氏，司空也；爽鸠氏，司寇也；鹘鸠氏，司事也。五鸠，鸠民者也。五雉为五工正，利器用，正度量，夷民者也。九扈为九农正，扈民无淫者也。自颛顼以来，不能纪远，乃纪于近，为民师而命以民事，则不能故也。”

《管子·五行篇》：“黄帝得蚩尤而明于天道，得大常而察于地利，得奢龙而辩于东方，得祝融而辩于南方，得大封而辩于西方，得后土而辩于北方。黄帝得六相而天地治，神明至。蚩尤明乎天道，故使为当时；大常察乎地利，故使为廪者；奢龙辩乎东方，故使为士师；祝融辩乎南方，故使为司徒；大封辩乎西方，故使为司马；后土辩乎北方，故使为李。”

诸书所言，虽未尽可据，大抵羲、黄官简，而少皞、颛顼以来乃渐多。政治之进化，盖缘土地渐辟，人事渐繁而然也。

古之帝皇，虽有统一各部而为共主之势，然其居处无定，等于行国，非若后世中央政府，有确定之都城也。

《遁甲开山图》：“伏羲生成纪，徙治陈仓。”

《帝王世纪》："庖羲氏称大昊，都陈。""神农都于陈，又徙于鲁。"

《史记·五帝本纪》："（黄帝）披山通道，未尝宁居。东至于海，登丸山，及岱宗。西至于空桐，登鸡头。南至于江，登熊、湘。北逐荤粥，合符釜山，而邑于涿鹿之阿。迁徙往来无常处，以师兵为营卫。""黄帝居轩辕之丘，而娶于西陵之女，是为嫘祖。嫘祖为黄帝正妃，生二子，其后皆有天下：其一曰玄嚣，是为青阳，青阳降居江水；其二曰昌意，降居若水。"

《大戴礼·五帝德篇》："孔子曰：颛顼，黄帝之孙，昌意之子也。……乘龙而至四海，北至于幽陵，南至于交趾，西济于流沙，东至于蟠木。"

以黄帝、颛顼之迁徙往来，即可证伏羲、神农之徙都，亦由于本无确定之都邑，第视兵力所至，形势利便，即屯其众于是。比其老死，即葬身于所死之地，亦不必反其故居。而其子孙分居各地，亦无定处。沿及夏、商，其风犹然。盖由古代地旷人稀，而宫室服御，亦甚简陋，虽至农稼社会，犹存游猎社会之风。治史者正不可徒执一二古迹，谓某帝某皇曾都于是，因以求其文化之发展途辙，或强分为南北东西之部族也。

由部落酋长而发生帝皇官吏之政治，其势实由下而上。故古代虽有君主政体，其君民之别，初不甚严。君者，群也。

《荀子·王制篇》："力不若牛，走不若马，而牛马为用，何也？曰：人能群，彼不能群也。君者，善群者。"

《春秋繁露》："君者，不失其群者也。"

《白虎通》："君，群也。群下之所归心也。"

必得其群之欢心，然后为众所推戴。神农、黄帝皆有明堂，盖合部民议事之所，后世承之，因有衢室街庭等制。

《淮南子·主术训》："神农之治天下也，月省时考，岁终献功，以时尝谷，祀于明堂。明堂之制，有盖而无四方。"

《管子·桓公问篇》："黄帝立明台之议者，上观于贤也。尧有衢室之问者，下听于人也。舜有告善之旌，而主不蔽也。禹立谏鼓于朝，而备讯唉。汤有总街之庭，以观人诽也。武王有灵台之复，而贤者进也。"

故谓君主政治即为专制政治者，实误解古代之事迹也。近人以《书》有"黎民百姓"之语，遂谓古代区分民与百姓为二阶级。百姓者，王公之子孙；民者，冥也。言未见人道，故"民"字专为九黎、有苗而设。

按《史记》称黄帝二十五子，其得姓者十四人。《世本·诸侯篇》云："蜀之为国，肇自人皇。蜀无姓，相承云黄帝后。"是古之无姓者夥矣。以百姓为贵族，民为黎苗之称，则黄帝之子之无姓者皆黎苗乎？孔子称黄帝、高辛时事，数数言"民"。使上古视民为贱族，则《大戴记》及《史记》所书之"民"字，均应改为百姓矣。

《大戴礼·五帝德篇》："黄帝抚万民，度四方。生而民得其利百年，死而民畏其神百年，亡而民用其教百年。""颛顼治气以教民。""帝喾知民之隐，抚致万民而利诲之。"

第五章　文字之兴

文字之功用有二，通今及传后也。草昧之世，交通不广，应求之际，专恃口语，固无需乎文字。其后部落渐多，范围渐广，传说易歧，且难及远，则必思有一法，以通遐迩之情，为后先之证，而文字之需要，乃随世运而生。吾国之有文字，实分三阶级：一曰结绳，二曰图画，三曰书契。是三者，皆有文字之用，而书契最便，故书契独擅文字之名。

> 《说文序》："黄帝之史仓颉，见鸟兽蹄远之迹，知分理之可相别异也，初造书契。……仓颉之初作书，盖依类象形，故谓之文；其后形声相益，即谓之字。"是书契独擅文字之名也。

惟三者为同时并兴，抑后先相禅，则古史懵昧，未能确定也。依《说文序》，则图画始于庖牺，结绳始于神农。

> 《说文序》："古者庖牺氏之王天下也，仰则观象于天，俯则观法于地，观鸟兽之文，与地之宜，近取诸身，远取诸物，

于是始作《易》八卦，以垂宪象。及神农氏结绳为治，而统其事……”

而段懋堂则谓结绳在画八卦之先。

《说文序注》谓：“自庖牺以前，及庖牺，及神农，皆结绳为治，而统其事也。《系辞》曰：《易》之兴也，其于中古乎？虞翻曰：兴《易》者，谓庖牺也。庖牺为中古，则庖牺以前为上古，黄帝、尧、舜为后世圣人。按依虞说，则《传》云上古结绳而治者，神农以前皆是。”“庖牺作八卦，虽即文字之肇耑，但八卦尚非文字，自上古至庖牺、神农专恃结绳。”

夫以“上古”二字，定结绳为庖牺以前事，未足据为确证。惟《易·系辞》言结绳者凡二：

《易·系辞》：“古者庖牺氏之王天下也……作结绳而为网罟。”“上古结绳而治。”

既以作结绳而为网罟专属于庖牺，则结绳而治不属于庖牺可知。庖牺以下，神农、黄帝、尧、舜所作，一一可以指实，则所谓上古者，必非神农、黄帝之时代又可知。以此推之，结绳之法，盖先图画而兴也。

结绳之法，不可详考。郑玄所言，殆出于臆测。

《周易正义》引郑康成注云：“事大，大结其绳；事小，小结其绳。”

近人所谓一、二、三等字之古文，及一、丨、丶、㇏诸字，皆结绳时代之字，尤为傅会。

《文学教科书》（刘师培）：“结绳之字，不可复考。然观一、二、三诸字，古文则作‘弌’‘弍’‘弎’，盖田猎时代，以获禽记数，故古之文一、二、三字，咸附列‘弋’字于其旁，所以表田猎所得之物数也。是结绳时代之字。（盖结绳时代并无‘弋’字之形，惟于所获禽兽之旁，以结绳记数。）结绳之文，始于‘一’字，衡为一，从为丨，缩其形则为丶，斜其体则为丿（考密切），反其体则为㇏（分勿切），折其体则为㇕（及），反㇕为𠂆（呜旱切），转𠂆为𠃊（隐），反𠃊为亅（居月切），㇕（及）、𠃊（隐）之合体为□，转环之则为○。是结绳文字，不外方圆平直，此结绳时代本体之字也。”

实则结绳时代，初不限于太古，即近世之苗民，犹有结绳之俗。

《苗疆风俗考》（严如煜）：“苗民不知文字，父子递传，以鼠、牛、虎、马记年月，暗与历书合。有所控告，必倩土人代书。性善记，惧有忘，则结于绳。为契券，刻木以为信。太古之意犹存。”

欲知太古结绳之法，当求之今日未开化之人种，以所结之绳实证其分别表示之法，不可徒以后世篆隶字画求之。古今人类思想，大致相等，惟进化之迟速不同耳。美洲之秘鲁，亚洲之琉球，皆有结绳之俗，吾国古代之结绳，当亦与之相近。观东西学者所述，自可得其梗概。

> 《涉史余录》（若林胜邦）："法国人白尔低猷氏之《人类学》尝记秘鲁之克伊普法曰：秘鲁国土人，不知文字，惟以克伊普为记号。克伊普者，即以絛索织组而成，于其各节各标，表示备忘之意之法也。凡人民之统计，土地之界域，各种族及兵卒之标号，以及刑法、宗教之仪仗，无不用克伊普，且各异其种类，故有专攻克伊普之学者焉。克伊普之法虽不一，大抵以色彩示意：赤色为军事及兵卒，黄色为黄金，白色为银及和睦，绿色为谷物。其纪数以绳索之结节为符号，如单结、双结、三结等，即所以示其单数、复数及十、百、千、万等之数也。及其记载家畜之法，以一大绳为轴，附以小绳若干。其第一绳为牡牛，第二绳为牝牛，三为犊，四为羊，其头数年龄，悉以结节表之。"又曰："琉球所行之结绳，分指示及会意两类。凡物品交换，租税赋纳，用以记数者，为指示类；使役人夫，防护田园，用以示意者，则为会意类。其材料多用藤蔓、草茎或木叶等，今其民尚有用此法者。"

结绳者必托于绳以示意，无绳或未及携绳，则所记识者无从表示也。进而为图画，则随在皆可表示其符号。或画于地，或画于石，或以指醮水，或以垩示色。既无携持之累，且免积压之患，其为便利，过于结绳远矣。《世本·作篇》谓黄帝时史皇作图，以图画与书契同时并兴。

《历代名画记》（张彦远）："史皇，黄帝之臣也。始善图画，创制垂法，体象天地，功侔造化。"云见《世本》。

然图画实始于伏羲。

《易·通卦验》："伏羲、方牙、苍精作《易》，无书，以画事。"

《尸子》："伏羲始画八卦。"

世谓史皇作图者，图画之法，至史皇而始精耳。

《易》称庖牺作八卦，以仰观俯察诸法得之，又称其出于"河图""洛书"。

《系辞》："河出图，洛出书，圣人则之。"

《春秋纬》："河以通乾出天苞，洛以流坤吐地符。河龙图发，洛龟书感。河图有九篇，洛书有六篇。"

《礼含文嘉》："伏羲德合上下，天应以鸟兽文章，地应以河图、洛书。"

后世说者，又谓庖牺因燧皇之图而制八卦。

《魏志·高贵乡公传》："《易》博士淳于俊曰：'庖牺因燧皇之图而制八卦。'帝曰：'若使庖牺因燧皇而作《易》，孔子何以不云燧人氏没庖牺氏作乎？'俊不能答。"

是一奇一偶之卦象，初非偶然创获，实积种种思考经验，而后发明此种符号。以《易·说卦》考之，八卦所以代表各种名物：

> 如“乾为天，为圜，为君，为父，为玉，为金，为寒，为冰，为大赤，为良马，为老马，为瘠马，为驳马，为木果。坤为地，为母，为布，为釜，为吝啬，为均，为子母牛，为大舆，为文，为众，为柄，其于地也为黑”之类。

非专象一事一物，故能以简驭繁，不必一一求其形似。其后事物日多，众庶难于辨别，因之一一图像，务求相肖，而象形之字作矣。八卦之性质，介乎图画文字之间，故世多谓卦象即古之文字。

> 《易纬乾凿度》：“☰古文天字，☷古地字，☴古风字，☶古山字，☵古水字，☲古火字，☳古雷字，☱古泽字。”
>
> 《文学教科书》（刘师培）：“八卦为文字之鼻祖，乾坤坎离之卦形，即天地水火之字形。试举其例如下：
>
> 乾为天，今天字草书作[illegible]，象乾卦之形。
>
> 坤为地，古坤字或作巛，象坤卦之倒形。
>
> 坎为水，篆文水字作𣱱，象坎卦之倒形。
>
> 离为火，古文火字作[illegible]，象离卦之象。”
>
> 《窕言》（赵曾望）：“伏羲画八卦，为万世文字之祖，人皆知其然，未必皆知其所以然也。夫八卦之画，有何文字哉？盖因而屈曲之，因而转移之，因而合并交互之，而文字肇兴焉。如乾三连，☰也，屈曲之则为[illegible]，合并之则为[illegible]矣。坤六断，

☷也，屈曲转移之，则为巛，合并交互之则为[illegible]。”

夫以八卦为八字，则其象甚少，其用甚隘。仅以八字示人，人必不能解也。谓后世之篆隶因袭卦象，颠倒屈曲之则可，谓古之卦象，只作后世篆隶一字之用，则大误矣。世人附会中国人种西来之说，谓八卦即巴比伦之楔形字。愚谓卦象独具横画，不作纵画，实为与楔形字之极大区别。楔形字或纵或横，且多寡不一，故亦无哲理之观念。八卦之数止于三画，又以一画之断续，分别阴阳，而颠倒上下，即寓阴阳消息之义。故八卦可以开中国之哲学，以⚊为太极，以⚋为两仪，以☰为天地人，举宇宙万有悉可归纳其中。虽伏羲画卦时未必即有此意，然文王、周公能因之以推阐，实亦由卦画之简而能赅所致。使世人观玩巴比伦楔形文字，虽极力附会，必不能成一有系统之哲学也。

书契之作，亦非始于仓颉，仓颉盖始整齐画一之耳。

> 《造字缘起说》（章炳麟）：“《荀子·解蔽篇》曰：‘好书者众矣，而仓颉独传者，壹也。’依此，是仓颉以前已有造书者。亦犹后稷以前，神农已务稼穑；后夔以前，伶伦已作律吕也。人具四肢，官骸常动，持莛画地，便已纵横成象，用为符号，百姓与能，自不待仓颉也。今之俚人，亦有符号，家为典型，部为徽识，仓颉以前，亦如是矣。一、二、三诸文，横之纵之，本无定也。马、牛、鱼、鸟，诸形势则卧起飞伏，皆可则象也。体则鳞、羽、毛、鬣，皆可增减也。字各异形，则不足以合契。仓颉者，盖始整齐画一，下笔不容增损。由是率

尔箸形之符号，始为约定俗成之书契。彼七十二王皆有刻石，十二家中，无怀已在伏戏前矣。所刻者则犹俚人之符号也。”

以近世苗民之俗证之，中国数千年来，已成同文之治，而苗民之俗，犹沿契刻之文。

《峒谿纤志》（陆次云）：“木契者，刻木为符，以志事也。苗人虽有文字，不能皆习，故每有事，刻木记之，以为约信之验。”

《傜僮传》（诸匡鼎）：“刻木为齿，与人交易，谓之打木格。”

《苗俗纪闻》（方亨咸）：“俗无文契，凡称贷交易，刻木为信，未尝有渝者。木即常木，或一刻，或数刻，以多寡远近不同。分为二，各执一，如约时合之，若符节也。”

足见仓颉之时，各部落皆有契刻之法。黄帝部落欲统一四方之部落，则以其所定之符号，与各部落相要约，而书契之式，遂由复杂而画一。世遂以为文字始于黄帝时之仓颉矣。《易》称“百官以治，万民以察”，知文字之用，始于官书。吾国幅员辽阔，种族复杂，而能抟结为一大国家者，即恃文字为工具也。

仓颉时之文字，不可详考。依许慎之说，则其时文字，止有指事、象形二种。

《说文序》：“仓颉之初作书，盖依类象形，故谓之文；其后形声相益，即谓之字。”段玉裁注：“依类象形，谓指事、象形二者也。指事亦所以象形也。”“形声相益，谓形声、会意二者也。有形则必有声，声与形相附为形声，形与形相附为会意。其后，为仓颉以后也。仓颉有指事、象形二者而已。”

然以韩非子说“公”“厶”考之，则仓颉作书，已有会意之法。

《韩非子·五蠹篇》：“仓颉之作书也，自环者谓之厶，背私谓之公。”段玉裁曰：“自环为厶，六书之指事也；八厶为公，六书之会意也。”

有会意，亦必有形声相合之字；虽形声之字多后出者，未必当时绝无此类。（如“江”“河”为形声字，伏羲、黄帝时已有江水、河水，未必当时只书为水也。）故六书之法，仓颉时必已具有四种。惟转注、假借为后起之事。世或以仓颉作书之时已有六书者，亦未明文字发生之次第也。

象形文字为初民同具之思想。然吾国文字，独演象形之法，绵延至数千年，而埃及象形之字不传于后，此实研究人类思想之一问题也。夫人类未有文字，先有语言，演文字者必以语言为根柢。然太古之时，地小而人少者，声音易于齐同；地广而人众者，语言难于画一。以一地一族表示语言之符号，行之千百里外，必致辗转淆讹，不若形象之易于辨识，虽极东西南朔之异音，仍可按形而知义。吾国文字演形而不演声者，殆此故欤！

洪水以前之语言，流传于世者绝稀。愚意《尔雅》岁阳、岁阴等名，实吾国最古之语言。

《尔雅·释天》："太岁在甲曰阏逢，在乙曰旃蒙，在丙曰柔兆，在丁曰强圉，在戊曰箸雍，在己曰屠维，在庚曰上章，在辛曰重光，在壬曰玄黓，在癸曰昭阳。（岁阳）太岁在寅曰摄提格，在卯曰单阏，在辰曰执徐，在巳曰大荒落，在午曰敦牂，在未曰协洽，在申曰涒滩，在酉曰作噩，在戌曰阉茂，在亥曰大渊献，在子曰困敦，在丑曰赤奋若。（岁阴）"

此等名词，诗书古史鲜有用之者。注《尔雅》者亦无解说。（郭璞《尔雅注》云：其事义皆所未详通，故阙而不论。）惟《史记·历书》以之纪年，疑"阏逢""困敦"等语，当未有甲子等字之时，已立此名。既立甲子之后，书写者以甲子为便，读时仍用"阏逢""困敦"之音。其后语言日渐变迁，凡四合五合之音，一律变为二合音，惟史官自黄帝以来，世守其书，传其音读，故至秦、汉时，以今隶译写古音，而其义则蔑有知者。

《史记·历书》："少皞氏之衰也，九黎乱德，民神杂扰，不可放物，祸菑荐至，莫尽其气。颛顼受之，乃命南正重司天以属神，命火正黎司地以属民，使复旧常，无相侵渎。其后三苗服九黎之德，故二官咸废所职，而闰余乖次，孟陬殄灭，摄提无纪，历数失序。"

盖三苗、九黎之乱，其古代语言变迁之关键乎？《楚辞》"摄提贞于孟陬兮"，用《尔雅》之文。屈原生于南方，或由三苗在南方传述古语，楚人犹用以纪年欤？

第六章　洪水以后之中国

孔子删《书》，断自唐、虞。盖自洪水既平，历史始渐详备可考。

《史记·五帝本纪》："学者多称五帝，尚矣。然《尚书》独载尧以来，而百家言黄帝，其文不雅驯，荐绅先生难言之。孔子所传宰予问《五帝德》及《帝系姓》，儒者或不传。"

《史记探原》（崔适）："《太史公自序》'述陶唐以来，至于麟止。'则《五帝本纪》本当为《陶唐本纪》，是《史记》亦始于唐、虞也。"

吾国文化之根本，实固定于是时；国家种族之名，胥自是而始见。虽其缘起不可知，然名义所函，具有精理。后世之国民性及哲学家之主张，罔不本焉，是固不可忽视也。

吾国之名为"中国"，始见于《禹贡》。

《禹贡》："中邦锡土姓。"《史记》："中国锡土姓。"（郑康成曰：中即九州也。）孙星衍曰："史迁'邦'作'国'者，非避讳字，后遇'国'字率改为'邦'，误矣。是《禹贡》

‘邦’字，当从《史记》作‘国’。”

后世遂沿用之。

《左传·僖公二十五年》：仓葛曰“德以柔中国，刑以威四夷”。

《礼记·王制》：“中国戎夷五方之民，皆有性也，不可推移。”

虽亦有专指京师，

《诗·民劳》：“惠此中国，以绥四方。”毛《传》：“中国，京师也。四方，诸夏也。”

或专指畿甸者，

《孟子》：“尧崩，三年之丧毕，舜避尧之子于南河之南，天下诸侯朝觐者，不之尧之子而之舜；讼狱者，不之尧之子而之舜；讴歌者，不讴歌尧之子而讴歌舜。夫然后之中国，践天子位焉。”

按《孟子》以中国与南河之南对举，似以当时畿甸之地为中国，而畿甸以外即非中国者。要以全国之名为正义。且其以中为名，初非仅以地处中央，别于四裔也。

《中华民国解》（章炳麟）："中国之名，别于四裔而为言。印度亦称摩伽陀为中国，日本亦称山阳为中国，此本非汉土所独有者。就汉土言汉土，则中国之名，以先汉郡县为界。然印度、日本之言中国者，举中土以对边郡。汉土之言中国者，举领域以对异邦，此其名实相殊之处。"

按此说未尽然。

文明之域与无教化者殊风。此吾国国民所共含之观念也。

《公羊传·隐公七年》："不与夷狄之执中国也。"何休曰："因地不接京师，故以中国正之。中国者，礼义之国也。"

《原道》（韩愈）："孔子之作《春秋》也，诸侯用夷礼则夷之，进于中国则中国之。"

据此是中国乃文明之国之义，非方位、界域、种族所得限。是实吾国先民高尚广远之特征，与专持种族主义、国家主义、经济主义者，不几霄壤乎！

唐、虞之时所以定国名为"中"者，盖其时哲王，深察人类偏激之失，务以中道诏人御物。

《论语》："尧曰：咨！尔舜！允执其中。舜亦以命禹。"

《礼记·中庸》："舜其大知也欤！择其两端，而用其中于民。"

《书·尧典》："帝曰：夔！命汝典乐，教胄子，直而温，宽而栗，刚而无虐，简而无傲。"

《皋陶谟》："亦行有九德：宽而栗，柔而立，愿而恭，乱而敬，扰而毅，直而温，简而廉，刚而塞，强而义。"

据此，是唐、虞时之教育，专就人性之偏者，矫正而调剂之，使适于中道也。以为非此不足以立国，故制为累世不易之通称。一言国名，而国性即以此表见。其能统制大宇，混合殊族者以此。其民多乡原，不容有主持极端之人，或力求偏胜之事，亦以此也。按中国民性，异常复杂，不得谓之尚武，亦不得谓之文弱；不得谓之易治，亦不得谓之难服。推原其故，殆上古以来尚中之德所养成也。然中无一定之界域，故无时无地，仍不能免于偏执。惟其所执，恒不取其趋于极端耳。

吾国种族之名为"夏"，亦见于唐、虞时。

《尧典》："蛮夷猾夏。"

或谓即夏代之人，以时代之名代表种族。

《愈愚录》（刘宝楠）："《书》'蛮夷猾夏'，此夏史所记。夏者，禹有天下之号。"

然以《说文》证之，则夏为人种之特称。

《说文》："夏，中国之人也。从夊，从页，从臼。臼，两手。夊，两足也。㝎，古文夏。"段注："中国之人"谓"以别于北方狄，东方貉，南方蛮闽，西方羌，西南焦侥，东方夷也”。

盖“夏”为象形字，实即古之图画。当各族并兴之时，吾民先祖，崛起而特强，侵掠四方，渐成大族，于是表异于众，自绘其形，具有头、目、手、足；而彼四方之众，悉等于犬豸虫羊，此可望文而知义者也。

《说文》：“羌，西戎羊种也，从羊、儿，羊亦声。南方蛮闽，从虫。北方狄，从犬。东方貉，从豸。西方羌，从羊。此六种也。西南僰人，焦侥从人，盖在坤地，颇有顺理之性。唯东夷从大，大，人也。夷俗仁，仁者寿，有君子不死之国。”

按此虽汉人之说，然沿用之文字，其来盖久，未必属小篆也。古人说东方、西南之人，尚近于人类，惟西北之人，则斥之为非人类，明示夏人之非西方种族矣。

先有种名，后有代号。故朝代虽易，而种名不替。

《左传·闵公元年》：“戎狄豺狼，不可厌也；诸夏亲昵，不可弃也。”《定公十年》：“裔不谋夏。”

《论语》：“夷狄之有君，不如诸夏之亡也。”

使以沿用为解，则“庶殷之名亦见于书”。

《书·召诰》：“乃以庶殷攻位于洛汭。”“庶殷丕作。”

何诸人皆称“夏”而不称“殷”乎？夫一族之民，自视为优越之种，而斥他族为非类，其义似隘。然人类皆具兽性，吾族先民，知兽性之不可以立国，则自勉于正义人道，以为殊族之倡，此其所以为大国民也。

春秋之时吾族复有“华”称。

> 《左传·定公十年》：“夷不乱华。”

他书未见此名，而后世相沿，自称“华”人，要不若“夏”之有所取义。近人附会“华夏”之说，类多凿空无稽。章太炎释中华民国，谓“华”取华山，“夏”取夏水，虽颇自圆其说，亦不尽可信也。

> 《中华民国解》（章炳麟）：“诸华之名，因其民族初至之地而为言。世言昆仑为华国者，特以他事比拟得之，中国前皇曾都昆仑与否，史无明征，不足引以为质。然神灵之胄，自西方来，以雍、梁二州为根本，宓羲生成纪，神农产姜水，黄帝宅桥山，是皆雍州之地。高阳起于若水，高辛起于江水，舜居西城（据《世本》，西城为汉汉中郡属县），禹生石纽，是皆梁州之地。观其帝王所产，而知民族奥区，斯为根极。雍州之地，东南至于华阴而止，梁州之地，东北至于华阳而止，就华山以定限，名其国土曰‘华’，则缘起如此也（按此亦属想当然耳之说）。其后人迹所至，遍及九州，至于秦、汉，则朝鲜、越南皆为华民耕稼之乡，‘华’之名于是始广。‘华’本国名（按此亦未确），非种族之号，然今世已为通语。世称山

东人为‘侉子’，‘侉’即‘华’之遗言矣。正言种族，宜就‘夏’称，《说文》云：‘夏，中国之人也。’或言远因大夏，此亦与昆仑、华国同类。质以史书，‘夏’之为名，实因夏水而得。是水或谓之‘夏’，或谓之‘汉’，或谓之‘漾’，或谓之‘沔’，凡皆小别互名。本出武都，至汉中而始盛。地在雍、梁之际，因水以为族名。犹生姬水者之氏‘姬’、生姜水者之氏‘姜’也。‘夏’本族名，非都国之号，是故得言‘诸夏’。其后因族命地，而关东亦以‘东夏’著。下逮刘季，抚有九共，与匈奴、西域相抑倚，声教远暨，复受‘汉族’之称。此虽近起一王，不为典要，然汉家建国，自受封汉中始，于夏水则为同地，于华阳则为同州，用为通称，适与本名符会。是故‘华’云，‘夏’云，‘汉’云，随举一名，互摄三义。建‘汉’名以为族，而邦国之义斯在。建‘华’名以为国，而种族之义亦在。此‘中华民国’之所以谥也。”

洪水前后有一大事，至虞、夏之时，始稍平靖者，九黎与三苗是也。九黎三苗之事，见于《书·吕刑》及《国语》。

《吕刑》：“若古有训，蚩尤惟始作乱，延及于平民。罔不寇贼鸱义，奸宄夺攘矫虔。苗民弗用灵，制以刑，惟作五虐之刑曰法，杀戮无辜。”马融曰：“蚩尤、少昊之末，九黎君名。”郑康成曰：“蚩尤霸天下，黄帝所伐者。学蚩尤为此者，九黎之君少昊之代也，苗民谓九黎之君也。九黎之君于少昊氏衰，而弃善道，上效蚩尤重刑，变九黎言苗民者，有苗九黎之后。颛顼代少昊诛九黎，分流其子孙居于西裔者，为三苗。至高辛之衰，又复九黎之恶。尧兴，又诛之。尧末，又在朝。舜臣尧，又窜之，禹摄位，又在洞庭逆命，禹又诛之。”

《楚语》：“少皞之衰也，九黎乱德……其后三苗复九黎之德。”韦昭曰：“少皞，黄帝之子，金天氏也。九黎，黎氏九人。三苗，九黎之后。高辛氏衰，三苗为乱，行其凶德，如九黎之为也。”

据郑、韦之说，黎、苗实一族，其为乱累世不绝，尧、舜及禹迭加诛窜，吾族始获安枕。此洪水以后之中国所大异于洪水以前者也。近人或谓黎、苗实古代之地主。

《中国历史》（夏曾佑）：“古时黎族散处江湖间，先于吾族不知几何年。至黄帝时，民族竞争之祸乃不能不起，遂有黄帝、蚩尤之战事。”又曰：“南蛮为神州之土著，黄帝时蚩尤之难，几覆诸夏。少昊之衰，九黎乱德。颛顼媾三苗之乱，至于历数失序，及尧战于丹水之浦，舜时迁三苗于三危，稍以衰落，至禹三危既宅，三苗丕叙，于是洞庭、彭蠡之间，皆王迹之所经，无旧种人之历史矣。盖吾族与土族之争，自黄帝至禹，上下亘千年，至此而兴亡乃定。”

又谓即今日南方黎、苗之祖，其实亦未尽可信。观章炳麟之文，自知其中之区别矣。

《太炎文录·别录二》：“苗种得名，其说各异。大江以南，陪属猥仳之族，自周讫唐，通谓之‘蛮’，别名则或言‘僚’

言‘俚’，言‘陆梁’，未有谓之‘苗’者。称‘苗’者自宋始，明非耆老相传，存此旧语，乃学者逆据《尚书》三苗之文，以相傅丽耳。汉者诸蛮无‘苗’名，说《尚书》者固不以三苗为荆蛮之族。《虞书》‘窜三苗于三危’。马季长曰：‘三苗，国名也，缙云氏之后，为诸侯，盖饕餮也。’《淮南·修务训》高诱注曰：‘三苗盖谓帝鸿氏之裔子浑敦，少昊氏之裔子穷奇，缙云氏之裔子饕餮，三族之苗裔，故谓之三苗。’此则先汉诸师说三苗者，皆谓是神灵苗裔，与今时苗种不涉。”

第七章　衣裳之治

《易·系辞》称黄帝、尧、舜之德，首举“垂衣裳而天下治”。其义至可疑。治天下之法多矣，何以首举垂衣裳乎？顾君惕森谓古“衣”字象覆二人之形，衣何以覆二人，义亦不可解。“衣”字之下半，当即“北”字。古代北方开化之人，知有冠服，南方则多裸体文身，故“衣”字象北方之人戴冠者。其说至有思想。衣裳之原，起于御寒。西北气寒，而东南气燠，故《礼记·王制》述四夷，惟西北之人有衣，东南无衣也。

《王制》：“东方曰夷，被发文身。南方曰蛮，雕题交趾。西方曰戎，被发衣皮。北方曰狄，衣羽毛穴居。”

以文字证之，南北曰袤，

《说文》：“袤，衣带以上。从衣，矛声。一曰南北曰袤，东西曰广。”

边地曰裔。

《方言》："裔，夷狄之总名。"郭璞曰："边地为裔。"

固皆以衣分中外，而衣服之服，古以为疆界之名。

《书·皋陶谟》："弼成五服。"

《禹贡》："五百里甸服，五百里侯服，五百里绥服，五百里要服，五百里荒服。"

推其引申假借之由，必非出于无故。以事实证之，禹时有裸国。

《吕氏春秋·贵因篇》："禹之裸国，裸入衣出。"

当商时，荆蛮之俗，文身断发。

《史记·吴太伯世家》："太伯、仲雍二人乃奔荆蛮，文身断发。"

至战国时于越犹然。

《庄子·逍遥游》篇："宋人资章甫而适诸越，越人断发文身，无所用之。"

中夏之文明，首以冠裳衣服为重，而南北之别，声教之暨，胥可于衣裳觇之。此《系辞》所以称"垂衣裳而天下治"欤！

衣服之原料古惟有羽皮。

《礼记·礼运》："昔者先王未有麻丝，衣其羽皮。后圣有作，然后治其麻丝，以为布帛。"

若卉服，则惟南方有之。

《禹贡》：扬州"岛夷卉服"。

不知何人发明织麻养蚕之法。世传伏羲作布。

《白氏帖》："伏羲作布。"

世又称伏羲化蚕桑为繐帛，《皇图要览》："伏羲化蚕桑为繐帛，西陵氏始养蚕。"说均未足据。

然羲、农时已有琴瑟。琴瑟皆用丝弦，则丝之发明久矣。《禹贡》载九州贡物，凡六州有衣服原料。

衮州	厥贡丝	厥篚织文
徐州		厥篚玄纤缟
荆州		厥篚玄纁玑组
青州	厥贡絺丝枲	厥篚檿丝
扬州		厥篚织贝
豫州	厥贡枲絺纻	厥篚纤纩

则洪水以后吾民之利用天产者，其地固甚广矣。

冠服进化之迹，以冠为最著。太古之时，以冃复首。

《说文》："冃，小儿及蛮夷头衣也。"段注："小儿未冠，夷狄未能言冠，故不冠而冃。荀卿曰：‘古之王者，有务而拘领者矣。’杨注：‘旧读为冒，拘与句同。’《淮南书》曰：‘古者有鍪而绻领以王天下者。’高注：‘古者，盖三皇以前也。鍪著兜鍪帽，言未知制冠。’……务与鍪皆读为冃，即今之‘帽’字也。后圣有作，因冃以制冠冕，而冃遂为小儿蛮夷头衣。”

其后则有弁。

《说文》：“覍，冕也。弁或覍字，𥄎，籀文覍。”段注：“‘𥄎’为籀文，则‘覍’本古文也。”按覍从皃，其小象形。盖古者简易之制也。

有冕。

《说文》：“古者黄帝初作冕。”

有冠。

《说文》：“冠，豢也，所以豢发，弁冕之总名也。从冖，从元，元亦声。冠有法制，故从寸。”

而法制渐备，黄帝之冕有旒。

《世本》：“黄帝作冕旒。垂旒，目不邪视也。”

后世因之，以玉为旒。

《尚书》（大小夏侯说）：“冕版广七寸，长尺二寸，前圆后方，前垂四寸，后垂三寸，用白玉珠，十二旒。”

为冠制之至尊者。然冕之布以麻为之，而施以漆，仍存尚质之意。

惟麻缕细密，异于余服耳。

《礼书通故》（孔安国、郑玄说）：“麻冕三十升布为之。”蔡邕云：“周爵弁，殷冔，夏收，皆以三十升漆布为壳。”贾公彦曰：“布八十缕为升。”

弁制用皮，而别其色。

《释名》：“以爵韦为之，谓之爵弁。以鹿皮为之，谓之皮弁。以韎韦为之，谓之韦弁。”

亦以示法古尚质之义。

《白虎通》：“皮弁者，何谓也？所以法古至质冠之名也。弁之为言攀也，所以攀持其发也。上古之时质，先加服皮，以鹿皮者，取其文章也。《礼》曰：‘三王共皮弁素积。’言至质不易之服，反古不忘本也。战伐田猎皆服之。”

太古冠亦以布，其色白。斋戒之时，则著黑色之冠。

《仪礼记》："太古冠布，斋则缁之。"

后世则易以皂缯，此其进化之概也。

《仪礼记》："委貌，周道也。章甫，殷道也。毋追，夏后氏之道也。"

《礼书通故·续汉志》："委皃，以皂缯为之。孔疏云：三冠皆缁布为之，盖非。记曰：太古冠布，则毋追、章甫，委貌不以布矣。"

古之男子，上衣下裳。

《白虎通》："圣人所以制衣服何？以为絺绤蔽形，表德劝善，别尊卑也。所以名为'裳'何？衣者，隐也；裳者，障也；所以隐形自障蔽也。何以知上为衣，下为裳？以其先言衣也。"

其材或以丝，或以布。

周制，朝服用十五升布，裳用白素绢，爵弁服纯衣。郑《注》："纯衣，丝衣也，是衣之材，或用布，或用丝也。"

其色上玄而下黄，

《续汉·舆服志》："乾坤有文，故上衣玄，下裳黄。"

间亦有他色，

《礼记·玉藻》："狐裘黄衣以裼之。"是衣亦有黄色也。

《仪礼》："玄端、玄裳、黄裳、杂裳可也。"是裳亦有玄色也。若皮弁服之用白布衣，爵弁服之纁裳纯衣，各视其冠带而为色，初非一律玄衣黄裳也。

其进化之迹不甚可考。观孔子述黄帝之衣裳，知其时已尚彩绘。

《大戴礼·五帝德》："黄帝黼黻衣，大带，黼裳。"注："白与黑谓之黼，若斧文。黑与青谓之黻，若两巳相戾。"

帝喾、帝尧之衣，皆与黄帝同。

《大戴礼》："帝喾黄黼黻衣，帝尧黄黼黻衣。"

《史记》称帝尧黄收纯衣。是其衣亦有时不绘黼黻也。

《史记·五帝本纪》："帝尧黄收纯衣。"《索隐》："纯，读曰缁。"

虞舜欲观古人之象，以五采彰施于五色，于是衣裳之文绣，盛行于中国者数千年。

《书·益稷》："予欲观古人之象，日、月、星辰、山、龙、华虫，作会；宗彝、藻、火、粉米、黼、黻，絺绣。以五采彰施于五色，作服，汝明。"

虽其说颇多聚讼，不能确定何说为得真。唐虞衣服之制有二说。

《尚书大传》曰："天子衣服，其文华虫、作缋、宗彝、藻火、山龙；诸侯作缋、宗彝、藻火、山龙；子男宗彝、藻火、山龙；大夫藻火、山龙；士山龙。故《书》曰：天命有德，五服五章哉！"又曰："山龙，青也；华虫，黄也；作缋，黑也；宗彝，白也；藻火，赤也。天子服五，诸侯服四，次国服三，大夫服二，士服一。"

此今文家说也。

郑玄曰："自日月至黼黻，凡十二章，天子以饰祭服。凡画者为绘，刺者为绣。此绣与绘各有六，衣用绘，裳用绣。天子冕服十二章，以日、月、星辰、山、龙、华虫绘于衣，以宗彝、藻、火、粉米、黼、黻绣于裳。诸侯九章，自山、龙以下；伯七章，自华虫以下；子男五章，自藻、火以下；卿大夫三章，自粉米以下。尊者绘衣，卑者不绘衣。"

此古文家说也。

然观《尧典》及《皋陶谟》之文，《尧典》："车服以庸。"

《皋陶谟》："天命有德，五服五章哉！"则此绘绣之法，非第为观美也。文采之多寡，实为阶级之尊卑，而政治之赏罚，即寓于其中，故衣裳为治天下之具也。

阶级之制虽非尽善之道，当人类未尽开明之时，少数贤哲，主持一国之政俗，非有术焉，辨等威而定秩序，使贤智者有所劝，而愚不肖者知愧耻而自勉，则天下脊脊大乱矣。黄帝、尧、舜之治天下，非能家喻而户说也。以劝善惩恶之心，寓于寻常日用之事，而天下为之变化焉，则执简驭繁之术也。《尚书》之文简奥，读者多不能喻其意。惟《尚书大传》释之最详：

> 古之帝王，必有命民，能敬长矜孤，取舍好让者，命于其君，然后得乘饰车、骈马，衣文锦。未有命者，不得衣，不得乘。乘衣者有罚。……未命为士者，不得乘饰车朱轩，不得衣绣。庶人单马木车，衣布帛。

观此文，则知古之车服，以为人民行谊之饰，非好为区别，故示民以异同也。不究其劝勉人民为善之心，第责其区分人民阶级之制，则曰此实不平之事，或愚民之策耳。

衣服之用，有赏有罚。故古代之象刑，即以冠履衣服为刑罚。

> 《尚书大传》："唐、虞象刑，而民不敢犯。苗民用刑，而民兴相渐。唐、虞之象刑：上刑，赭衣不纯；中刑，杂屦；下刑，墨幪。以居州里，而民耻之。""唐、虞象刑，犯墨者蒙皂巾，犯劓者赭其衣，犯膑者以墨幪其膑处而画之。犯大辟者，布衣无领。"

荀子尝斥象刑之非。

《荀子·正论》："世俗之为说者曰：治古无肉刑而有象刑。墨黥（杨《注》："墨黥当为墨幪，但以墨巾幪其头而已。"）；慅婴（杨《注》："当为澡缨，谓澡濯其布为缨，澡或读为草，《慎子》作草缨。"）；共艾毕（杨《注》："共艾未详，或衍字。艾，苍白色，毕与韠同。"）；菲，对屦（杨《注》："菲，草屦也。对，当为紨。紨，枲也。"）；杀，赭衣而不纯。治古如是。是不然，以为治耶？则人固莫触罪，非独不用肉刑，亦不得用象刑矣。以为轻刑邪？人或触罪矣，而直轻其刑，然则是杀人者不死，伤人者不刑也。罪至重而刑至轻，庸人不知恶矣，乱莫大焉。"

按《书》之象刑，与流宥五刑、鞭、扑并举，初非专恃象刑一种。

《书·尧典》："象以典刑，流宥五刑，鞭作官刑，扑作教刑，金作赎刑，眚灾肆赦，怙终贼刑。"

人之知有羞耻者，略加谴责，已愓然自愧，若无所容；其无耻者，虽日加以桁杨桎梏，而无所畏，是固不可以一概论也。后世犯法者，衣服亦异于常人，殆由古者尝以是为罚，后虽用刑，犹治其制而不废欤！

第八章　治历授时

古人立国，以测天为急；后世立国，以治人为重。盖后人袭前人之法，劝农教稼，已有定时；躔度微差，无关大体。故觉天道远而人道迩，不汲汲于推步测验之术。不知邃古以来，万事草创，生民衣食之始，无在不与天文气候相关，苟无法以贯通天人，则在在皆形枘凿。故古之圣哲，殚精竭力，绵祀历年，察悬象之运行，示人民以法守。自羲、农，经颛顼，迄尧、舜，始获成功。其艰苦愤悱，史虽不传，而以其时代推之，足知其常耗无穷之心力。吾侪生千百世后，日食其赐而不知，殊无以谢先民也。

历算之法相传始于伏羲。

> 《周髀算经》："伏羲作历度。"
>
> 《汉书·律历志》："自伏羲画八卦，由数起。"

至神农时有历日，

> 《物理论》（杨泉）："畴昔神农正节气，审寒温，以为早晚之期，故立历日。"

而《史记·历书》不言黄帝以前之法，

《历书》："太史公曰：神农以前尚矣。"

惟《索隐》谓黄帝以前有《上元》《太初》等历。

《历书》："昔自在古历，建正，作于孟春。"

《索隐》："古历者，谓黄帝《调历》以前，有《上元》《太初》历等，皆以建寅为正，谓之孟春也。"

据《汉书》，《上元》《太初》历，距汉武帝元封七年，凡四千六百一十七岁，不知为何人所制也。

《汉书·律历志》："乃以前历《上元》《太初》四千六百一十七岁，至于元封七年，复得阏逢摄提格之岁。"

洪水以前，历法之详备，当推黄帝之时。黄帝之历曰《调历》。

《史记索隐》："《系本》及《律历志》：黄帝使羲和占日，常仪占月，臾区占星气，伶伦造律吕，大挠作甲子，隶首作算数，容成综此六术而著《调历》也。"

置闰定岁，

《历书》："黄帝考定星历，建立五行，起消息，正闰余。"

建子为正，

《史记索隐》："黄帝及殷、周、鲁，并建子为正。"

说者谓其时已分二十四气，

《历书》："昔者黄帝合而不死，名察度验，定清浊，起五部，建气物分数。"孟康曰："五部，五行也。天有四时，分为五行也。气，二十四气。物，万物也。"

然《左传》称少皞时以诸鸟定分至启闭。是古只分四时，未有二十四气之目也。

《左传·昭公十七年》："少皞挚之立也，凤鸟适至，故纪于鸟，为鸟师而鸟名：凤鸟氏，历正也；玄鸟氏，司分者也；伯赵氏，司至者也；青鸟氏，司启者也；丹鸟氏，司闭者也。"

少皞之后，历法尝再乱。

《历书》："少皞氏之衰也，九黎乱德……祸灾荐至，莫尽其气。颛顼受之，乃命南正重司天以属神，命火正黎司地以属民，使复旧常，无相侵渎。其后三苗服九黎之德，故二官咸废所职，而闰余乖次，孟陬殄灭，摄提无纪，历数失序。"

至唐尧时，复定历法，而以闰月定四时成岁之制，遂行用至四千余年。

《尧典》："期三百有六旬有六日，以闰月定四时，成岁。允厘百工，庶绩咸熙。"

考其定历之法，以实测于四方为主。

《尧典》："命羲仲，宅嵎夷，曰旸谷。寅宾出日，平秩东作，日中星鸟，以殷仲春。……命羲叔，宅南交，曰明都。平秩南讹，敬致，日永星火，以正仲夏。……命和仲，宅西，曰昧谷。寅饯纳日，平秩西成，宵中星虚，以殷仲秋。……命和叔，宅朔方，曰幽都，平在朔易，日短星昴，以正仲冬。"

而羲、和以世官之经验，掌制历之事，则步算尤其专长矣。

《历书》："尧复遂重黎之后，不忘旧者，使复典之，而立羲、和之官。"郑玄曰："尧育重黎之后，羲氏、和氏之贤者，使掌旧职。"

制历之关系，莫先于农时，《书》称"敬授民时"，以民间不知气候，定播种收获之期，则为害乎民事匪鲜也。《尚书大传》释授时之法最详。

《尚书大传》："主春者张，昏中可以种谷。主夏者火，昏中可以种黍。主秋者虚，昏中可以种麦。主冬者昴，昏中可以收敛。……田猎断伐，当上告之天子，而下赋之民。故天子南面而视四星之中，知民之缓急，急则不赋籍，不举力役。故曰‘敬授民时’，此之谓也。”

农时之外，一切行政，亦皆根据时令。故《书》有“允厘百工，庶绩咸熙”之说。《大传》亦释之，而其文不全，然其意可推而知也。

《尚书大传》：“天子以秋命三公将率，选士厉兵，以征不义。决狱讼，断刑罚，趣收敛，以顺天道，以佐秋杀。以冬命三公谨盖藏，闭门闾，固封境，入山泽田猎，以顺天道，以佐冬固藏。”

推测步算，必资器具。世传古有浑仪，

《事物纪原》：“刘氏历曰：高阳造浑仪，黄帝为盖天。则浑仪始于高阳氏也。”

《春秋文耀钩》：“黄帝即位，羲、和立浑仪。”

然未能详其形制，以《尚书》考之，舜时有璇玑玉衡。

《尧典》：“璇玑玉衡，以齐七政。”

马、郑之说，皆以为浑天仪。

马融曰：“璇，美玉也；玑，浑天仪，可转旋，故曰玑。衡，其中横箫，所以视星宿也。以璇为玑，以玉为衡，盖贵天象也。日、月、星皆以璇玑玉衡度知其盈缩退进所在。”郑玄曰：“璇玑玉衡，浑天仪也。”

而蔡邕说其制较详。

《史记正义》引蔡邕云：“玉衡长八尺，孔径一寸，下端望之，以视星宿。并县玑以象天，而以衡望之。转玑窥衡，以知星宿。玑径八尺，圆周二丈五尺而强也。”

疑汉代史官，固有相传之古器，邕曾见之。其为虞舜之物与否，未能定也。

《晋书·天文志》：“汉灵帝时，蔡邕于朔方上书，言宣夜之学，绝无师法。《周髀》术数具存，考验天状，多所违失。惟浑天近得其情，今史官候台所用铜仪，则其法也。”

《晋书·天文志》：“《虞书》曰：‘在璇玑玉衡，以齐七政。’《考灵耀》云：‘分寸之晷，代天气生，以制方圆。方圆以成，参以规矩，昏明主时，乃命中星，观玉仪之游。’郑玄谓以玉为浑仪也。《春秋文耀钩》云：‘唐尧即位，羲和立浑仪。’此则仪象之设，其来远矣。绵代相传，史官禁密，学者不睹，故宣、盖沸腾。”

诸书又传刻漏始于黄帝。

梁《刻漏经》：“肇于轩辕之日，宣于夏商之代。”

《隋书·天文志》：“昔黄帝创观漏水，制器取则，以分昼夜。其后因以命官，《周礼》挈壶氏，则其职也。其法，总以百刻，分于昼夜。冬至昼漏四十刻，夜漏六十刻。夏至昼漏六十刻，夜漏四十刻。春秋二分，昼夜各五十刻。日未出前，二刻半而明；既没后，二刻半乃昏。减夜五刻以益昼，谓之昏旦，漏刻皆随气增。冬、夏二至之间，昼夜长短，凡差二十刻，每差一刻为一箭。冬至互起其首，凡有四十一箭。昼有朝，有禺，有中，有晡，有夕。夜有甲、乙、丙、丁、戊。昏旦有星中，每箭各有其数，皆所以分时代守，更其作役。”

疑亦史官世守之器，以定日夜之时刻者也。

古代星历之事，掌于史官，世传其学，往往守之历千百年。汉、晋之人，犹及见古历。

《汉书·艺文志》：“《黄帝五家历》，三十三卷。《颛顼历》，二十一卷。《颛顼五星历》，十四卷。《夏殷周鲁历》，十四卷。”

虽推验多所不合，

《长历说》（杜预）：“自古以来，论《春秋》者，多述谬误。或用黄帝以来诸历，以推经传朔日，皆不谐合。《春秋》四十七日蚀，《黄帝历》得一蚀，《颛顼历》得八蚀，《夏历》得十四蚀，《真夏历》得一蚀，《殷历》《周历》得十三蚀，《真周历》得一蚀，《鲁历》得十三蚀。”

然算术古疏后密，未可以不合遽斥为伪。惜晋以后诸历多不传，遂无由知其历式矣。

第九章　唐、虞之让国

吾国圣哲之教，以迨后世相承之格言，恒以让为美德。远西诸国，无此礼俗，即其文字，亦未有与吾国“让”字之义相当者。故论中国文化，不可不知逊让之风之由来也。人情好争而不相让，中土初民，固亦如是。如《吕览》谓“君之立出于长，长之立出于争”。可见吾民初非不知竞争，第开化既早，经验较多，积千万年之竞争，熟睹惨杀纷乱之祸之无已，则憬然觉悟，知人类非相让不能相安，而唐、虞之君臣遂身倡而力行之。高位大权，巨富至贵，靡不可以让人，而所争者惟在道德之高下及人群之安否。后此数千年，虽曰争夺劫杀之事不绝于史册，然以逊让为美德之意，深中于人心，时时可以杀忿争之毒，而为和亲之媒。故国家与民族，遂历久而不敝。此非历史人物影响于国民性者乎？

唐、虞让国之事，纪于《尚书》。《尚书》开宗明义，即曰“允恭克让”，明其所重在此也。第今世所传之《尚书》，非完全之本，欲考其让国之迹，殊不能得完全之真相，此读史者一大憾事也。孔子所删之《书》，有《尧典》《舜典》《大禹谟》，今惟存《尧典》。而晋以后所传之《舜典》，实即《尧典》之文，《舜典》之首二十八字及《大禹谟》，皆后人所伪撰，不可信。故唐尧让位之事，可征于《书》，而虞舜让位之事，则必以他书证之。

唐尧让位之事见于《书序》及《书》者为：

《尚书序》："昔在帝尧，聪明文思，光宅天下，将逊于位，让于虞舜，作《尧典》。""虞舜侧微，尧闻之聪明，将使嗣位，历试诸难，作《舜典》。"

《尚书·尧典》："帝曰：明明扬侧陋。师锡帝曰：有鳏在下，曰虞舜。……帝曰：格汝舜，询事考言，乃言底可绩。三载，汝陟帝位。舜让于德弗嗣。正月上日，受格于文祖。……二十有八载，帝乃殂落。月正元日，舜格于文祖。"

今本《大禹谟》所称"帝曰：格汝禹，朕宅帝位，三十有三载，耄期倦于勤，汝惟不怠，总朕师。禹曰：朕德罔克，民不依"及"禹拜稽首固辞……正月朔旦，受命于神宗，率百官若帝之初"。此皆仿《尧典》之文为之，非其原文也。

述唐、虞禅让之事最详者，无过于《孟子》：

《孟子·万章上》："舜相尧二十有八载，尧崩，三年之丧毕，舜避尧之子于南河之南。天下诸侯朝觐者，不之尧之子而之舜；讼狱者，不之尧之子而之舜；讴歌者，不讴歌尧之子而讴歌舜。夫然后之中国，践天子位焉。""昔者，舜荐禹于天，十有七年，舜崩，三年之丧毕，禹避舜之子于阳城，天下之民从之，若尧崩之后不从尧之子而从舜也。"

次则《史记》。

> 《史记·五帝本纪》："尧知子丹朱之不肖，不足授天下，于是乃权授舜。授舜，则天下得其利而丹朱病；授丹朱，则天下病而丹朱得其利。尧曰'终不以天下之病而利一人'，而卒授舜以天下。""舜子商均亦不肖，舜乃豫荐禹于天。十七年而崩。三年丧毕，禹亦乃让舜子，如舜让尧子。诸侯归之，然后禹践天子位。尧子丹朱，舜子商均，皆有疆土，以奉先祀。服其服，礼乐如之。以客见天子，天子弗臣，示不敢专也。"
>
> 《史记·夏本纪》："帝舜荐禹于天，为嗣。十七年而帝舜崩。三年丧毕，禹辞辟舜之子商均于阳城。天下诸侯皆去商均而朝禹。禹于是遂即天子位，南面朝天下。……帝禹立而举皋陶荐之，且授政焉，而皋陶卒。而后举益，任之政。十年，帝禹东巡狩，至于会稽而崩。以天下授益。三年之丧毕，益让帝禹之子启，而辟居箕山之阳。禹子启贤，天下属意焉。于是启遂即天子之位。"

二书所言如此，则尧、舜、禹之皆让国为实事，无可疑矣。外此诸书论述唐、虞之事者，凡分三种：

一则附会其事，谓尧、舜历让于诸人，不独让于舜、禹也。

> 《庄子·逍遥游》："尧让天下于许由，许由曰：予无所用天下为。"
>
> 《庄子·让王》："尧以天下让许由，许由不受。又让于子州支父，子州支父曰：'以我为天子，犹之可也。虽然，我适有幽忧之病，方且治之，未暇治天下也。'舜让天下于子州支伯，子州支伯曰：'予适有幽忧之病，方且治之，未暇治天

下也。’舜以天下让善卷，善卷曰：‘余立于宇宙之中，冬日衣皮毛，夏日衣葛絺。春耕种，形足以劳动；秋收敛，身足以休食。日出而作，日入而息，逍遥于天地之间，而心意自得。吾何以天下为哉！悲夫，子之不知予也！’遂不受，于是去而入深山，莫知其处。舜以天下让其友石户之农，石户之农曰：‘捲捲乎，后之为人，葆力之士也。’以舜之德未为至也，于是夫负妻戴，携子以入于海，终身不反也。”

《吕氏春秋•离俗览》：“舜让其友北人无择，北人无择曰：‘异哉，后之为人也！居于畎亩之中，而游入于尧之门，不若是而已，又欲以其辱行漫我，我羞之。’而自投于苍领之渊。”

此皆因《书》之称禅让，而加以傅会者也。
一则谓古者天子最劳苦，故尧、禹乐于让国也。

《韩非子·五蠹》：“尧之王天下也，茅茨不翦，采椽不斫，粝粢之食，藜藿之羹，冬日麑裘，夏日葛衣，虽监门之服养，不亏于此矣。禹之王天下，身执耒臿，以为民先，股无拔，胫不生毛，虽臣虏之劳，不苦于此矣。以是言之，夫古之让天子者，是去监门之养，而离臣虏之劳也。故传天下而不足多也。今之县令，一日身死，子孙累世絜驾，故人重之。是以人之于让也，轻辞古之天子，难去今之县令者，薄厚之实异也。”

此则纯以俗情度尧、禹，然亦未尝谓尧、舜未行禅让之事也。
一则疑其让国为虚语，且其得国等于后世之篡弑也。

> 《史通·疑古篇》（刘子玄）："按《汲冢琐语》云：'舜放尧于平阳。'而书云：'某地有城，以囚尧为号。'识者凭斯异说，颇以禅授为疑。据《山海经》谓放勋之子为帝丹朱，而列君于帝者，得非舜虽废尧，仍立尧子，俄又夺其帝者乎？斯则尧之授舜，其事难明，谓之让国，徒虚语耳！""《虞书·舜典》云：'五十载陟方乃死。'注云：'死苍梧之野，因葬焉。'按苍梧者，地总百越，山连五岭，人风婐划，地气歊瘴，百金之子，犹惮经履其途，万乘之君，而堪巡幸其国？兼复二妃不从，怨旷生离，万里无依，孤魂溘尽，让王高蹈，岂其若是！斯则陟方之死，其殆文命之志乎？《汲冢书》云：'舜放尧于平阳，益为启所诛。'又曰：'太甲杀伊尹，文丁杀季历。'凡此数事，语异正经，其书近出，世人多不之信也。舜之放尧，无事别说，足验其情。益与伊尹见戮，并与正书犹无其证，推而论之，如启之诛益，仍可复也。何者？舜废尧而立丹朱，禹黜舜而立商均，益手握机衡，事同舜、禹，而欲因循故事，坐膺天禄，其事不成，自贻伊咎。观夫近古篡夺，桓独不全，马仍反正。若启之诛益，亦犹晋之杀玄者乎？舜、禹相代，事业皆成，唯益覆车，伏辜夏后。亦犹桓效曹、马而独致元兴之祸者乎？"

此则因后世奸雄，假借禅让，因疑古人亦以禅让饰其争夺也。

至于近世，民主之制勃兴，遂有谓尧、舜为首倡共和者。夫共和根于宪法，选举多由政党、总统任事，必有年限，唐、虞之时胥无之，正不容以史事相傅会也。

《尧典》所载，君臣交让，其事非一：

帝曰："咨！四岳，朕在位七十载，汝能庸命，巽朕位。"岳曰："否德忝帝位。"

帝曰："俞！咨禹，汝平水土，惟时懋哉！"禹拜，稽首，让于稷、契暨皋陶。

帝曰："畴若予工？"佥曰："垂哉！"帝曰："俞！咨垂，汝共工。"垂拜稽首，让于殳斨暨伯与。

帝曰："畴若予上下草木鸟兽？"佥曰："益哉！"帝曰："俞！咨益，汝作朕虞。"益拜稽首，让于朱虎、熊罴。

帝曰："咨！四岳，有能典朕三礼？"佥曰："伯夷。"帝曰："俞！咨伯，汝作秩宗。"伯拜稽首，让于夔、龙。

《皋陶谟》尤盛称让德之效。

禹曰："万邦黎献，共惟帝臣。惟帝时举，敷纳以言，明庶以功，车服以庸，谁敢不让，敢不敬应。"夔曰："虞宾在位，群后德让。"

惟《韩非子》《吕览》称鲧与共工不慊于尧、舜。

《韩非子·外储说》："尧欲传天下于舜。鲧谏曰：'不祥哉！孰以天下而传之于匹夫乎！'尧不听。举兵而诛杀鲧于羽山之郊。共工又谏曰：'孰以天下而传之于匹夫乎？'尧不听，又举兵而流共工于幽州之都。于是天下莫敢言无传天下于舜。"

《吕氏春秋·行论》："尧以天下让舜，鲧为诸侯，怒于

> 尧曰：‘得天之道者为帝，得地之道者为三公，今我得地之道，而不以我为三公！’以尧为失论。欲得三公，怒甚猛兽，欲以为乱，比兽之角，能以为城；举其尾，能以为旌。召之不来，仿佯于野以患帝。舜于是殛之于羽山，副之以吴刀。”

盖以《书》有四罪之文，故谩为共、鲧反对之说。借使其说而信，亦可见尧之克让，具有定识毅力，不为浮议所摇，而反对之者实为少数也。

让国之事，在人而不在法，故至夏而变为世袭之局。韩愈论其事，以为塞争乱之道。

> 《对禹问》（韩愈）：“得其人而传之者，尧、舜也；无其人虑其患而不传者，禹也。时益以难理，传之人，则争未前定也。传之子，则不争前定也。前定虽不当贤，犹可以守法，不前定而不遇贤，则争且乱。天下之生大圣也不数，其生大恶也亦不数。传诸人，得大圣，然后人莫敢争。传诸子，得大恶，然后人受其乱。禹之后四百年，然后得桀；亦四百年，然后得汤与伊尹。汤与伊尹不可待而传也。与其传不得圣人，而争且乱，孰若传之子，虽不得贤，犹可守法。”

盖让贵得当，不当之让，徒以启争。立法以定元首之年限，视君主世袭之不能必其得贤，均也。

三代时天子无禅让者，而侯国犹间有之，如吴太伯、伯夷之类。

> 《史记·吴太伯世家》：“吴太伯，太伯弟仲雍，皆周太

王之子，而王季历之兄也。季历贤，而有圣子昌，太王欲立季历以及昌，于是太伯、仲雍二人乃奔荆蛮，文身断发，示不可用，以避季历。季历果立，是为王季，而昌为文王。”

《伯夷列传》：“伯夷、叔齐，孤竹君之二子也。父欲立叔齐。及父卒，叔齐让伯夷。伯夷曰：‘父命也。’遂逃去，叔齐亦不肯立而逃之。国人立其中子。”

《左传·成公十五年》：“晋侯执曹伯，归诸京师，诸侯将见子臧于王而立之。子臧辞曰：‘前志有之曰：圣达节，次守节，下失节。为君，非吾节也。虽不能圣，敢失守乎？’遂逃，奔宋。”

《公羊传·襄公二十九年》：“吴子使札来聘，……贤季子也。何贤乎季子？让国也。其让国奈何？谒也，馀祭也，夷昧也，与季子同母者四。季子弱而才，兄弟皆爱之，同欲立之以为君。谒曰：‘今若是迮而与季子国，季子犹不受也。请无与子而与弟，弟兄迭为君，而致国乎季子。’皆曰：‘诺。’故诸为君者，皆轻死为勇，饮食必祝曰：‘天苟有吴国，尚速有悔于予身。’故谒也死，馀祭也立。馀祭也死，夷昧也立。夷昧也死，则国宜之季子者也。季子使而亡焉。僚者，长庶也，即之。季子使而反，至而君之尔。阖庐曰：‘先君之所以不与子国而与弟者，凡为季子故也。将从先君之命与，则国宜之季子者也。如不从先君之命欤，则我宜立者也。僚恶得为君乎？’于是使专诸刺僚，而致国乎季子。季子不受，曰：‘尔弑吾君，吾受尔国，是吾与尔为篡也。尔杀吾兄，吾又杀尔，是父子兄弟相杀，终身无已也。’去之延陵，终身不入吴国。”

皆让国而遂其志者也。越公子搜则让国而不遂。

《周季编略》："越三世弑君，公子搜患之，逃乎丹穴。越国无君，求王子搜而不得，从之丹穴，王子搜不肯出。越人熏之以艾，乘之以王舆，搜援绥登车，仰天而呼曰：'君乎，君乎！独不可以舍我乎？'越人乃立搜为君。"

合之凡五事，而燕王哙之让国，独为世所笑。

《史记·燕世家》："燕王哙信其臣子之。子之使鹿毛寿谓燕王：'不如以国让相子之。人之谓尧贤者，以其让天下于许由，许由不受，有让天下之名而实不失天下。今王以国让于子之，子之必不敢受，是王与尧同行也。'燕王因属国于子之。子之大重。或曰：'禹荐益，已而以启人为吏；及老，而以启人为不足任乎天下，传之于益。已而启与交党攻益，夺之。天下谓禹名传天下于益，已而实令启自取之。今王言属国于子之，而吏无非太子人者，是名属子之而实太子用事也。'王因收印自三百石吏已上而效之子之。子之南面行王事，而哙老不听政，顾为臣，国事皆决于子之。三年，国大乱。"

伪让而不出于诚，与诚让而不出于伪者，史皆一一著之，非故袒太伯、伯夷等人，而独非燕哙、子之也。历观诸史，知古代自有此一种高尚而纯洁之人，不以身居天下国家之尊位为乐者，是皆尧舜之风，有以感之也。

第十章　治水之功

唐、虞之时，以治洪水为一大事。洪水之祸，为时之久，已详于前。兹篇所述，专重治水之功，以明吾国有史以来之大势。按吾国遭水患者非一次，以治水著者亦非一人。

《论语摘辅象》称：伏羲六佐，“仲起为海陆，阳侯为江海”，是皆治水之官。

《礼记·祭法》：“共工氏之霸九州也，其子曰后土，能平九州，故祀以为社。”（按共工氏时，洪水之祸最酷，后土能平九州，当亦专长于治水者。）

《左传·昭公二十九年》：“蔡墨曰：少皞氏有四叔，曰重、曰该、曰修、曰熙，实能金、木及水。使重为句芒，该为蓐收，修及熙为玄冥。世不失职，遂济穷桑。”是修、熙二子，为少皞时治水之官也。

共工治水，专事湮塞，为害孔巨。

《国语·周语》："昔共工虞于湛乐，淫失其身，欲壅防百川，堕高堙卑，以害天下，皇天弗福，庶民弗助，祸乱并兴，共工用灭。"

后土继之，而其法不传，疑必力反共工之所为。唐、虞时，鲧、禹父子相继治水，初亦蹈共工之复辙，始改为疏浚。此可知人事必具有经验，往往有前人已经失败，后人复效其所为者。必一再试之而无功，然后确信失败者之法之不可用，正不独治水一端也。

鲧之治水，曰湮、曰障。

《书·洪范》："箕子曰：我闻在昔，鲧湮洪水，汩陈其五行。"

《祭法》："鲧障鸿水而殛死。"

《山海经·海内经》："洪水滔天，鲧窃帝之息壤，以湮洪水。"

殆惟多筑堤防，以遏水势，故经营九载，而功弗成。

《尧典》："九载绩用弗成。"

然因治水而得城郭之法，后世且崇祀之，亦不可谓鲧为无微功也。

《祭法》疏称："鲧障鸿水殛死者，鲧塞水而无功，而被尧殛死于羽山，亦是有微功于人，故得祀之。若无微功，焉能治水九载。《世本》云‘作城郭’，是有功也。”

禹伤父功不成，劳身焦思，以求继续先业而竟其志。

《祭法》：“禹能修鲧之功。”

《史记·夏本纪》：“禹伤先人父鲧功之不成受诛，乃劳身焦思，居外十三年，过家门不敢入。”

《吴越春秋》：“禹伤父功不成，循江溯河，尽济甄淮，乃劳身焦思以行七年，闻乐不听，过门不入，冠挂不顾，履遗不蹑。功未及成，愁然沈思。”

其法盖先行调查测量，

《皋陶谟》：“禹曰：予乘四载，随山刊木。”

《禹贡》：“禹敷土，随山刊木。”郑玄曰：“必随州中之山而登之，除木为道，以望观所当治者，则规其形而度其功焉。”

《史记·夏本纪》：“行山表木（《索隐》：表木谓刊木立为表记），陆行乘车，水行乘船，泥行乘橇，山行乘檋。左准绳，右规矩。”

按立木为表记，及携准绳规矩，皆为调查测量之事。郑说规其形而度其功，亦即此义。赵君卿《周髀算经注》：“禹治洪水，决流江河，望山川之形，定高下之势，乃句股所由生。”此一证也。而后从事于疏凿。

《淮南子·本经训》："舜之时，龙门未开，吕梁未发，江淮通流，四海溟涬，民皆上丘陵，赴树木。舜乃使禹疏三江五湖，辟伊阙，导廛涧，平通沟陆，流注东海。鸿水漏，九州干，万民皆宁其性。"

《修务训》："禹沐浴霪雨，栉扶风，决江疏河，凿龙门，辟伊阙，修彭蠡之防，乘四载，随山刊木，平治水土，定千八百国。"

其所治之诸水具详于《禹贡》。史家推论其功，尤以导河为大。

《史记·河渠书》："河灾衍溢，害中国也尤甚。唯是为务，故道河自积石，历龙门，南到华阴，东下砥柱，及孟津、雒汭，至于大邳。于是禹以为河所从来者高，水湍悍，难以行平地，数为败，乃厮二渠，以引其河，北载之高地，过降水，至于大陆，播为九河，同为逆河，入于勃海。九川既疏，九泽既洒，诸夏艾安，功施于三代。"

按河自龙门，至今河间、天津等地，其长殆二千里，皆禹时以人力开凿而成。则中国人造之河流，不自南北运河始也。

专治一河其工之巨，已至可骇，矧兼九州之山水治之。北至河套，南至川、滇，西至青海，东至山东，其面积至少亦有七八百万方里。鲧治之九年，禹之十三年，合计二十二年，而九州之地尽行平治。以今人作事揆之，断不能如此神速。故西洋历史家，于禹之治水极为怀疑。

《中国太古史》（夏德）引爱多阿尔比优氏之说曰："黄河自入中国以上，其流程达于五百六十力格；江水自禹所视察之湖广地方之大湖以下，其长约二百五十力格；汉水自发源至与江水合流处，长约百五十力格；合计三河之延长，殆达于一千力格。加以禹所治之他河，当有一千二百至于一千五百力格。夫古代中国之大纪念物，即万里长城，虽以非常之劳作而成，其长亦不过三百力格。然此巨大之建设，实亘非常之岁月。其初秦、赵、燕等诸国，业已陆续建造，至秦始皇帝，不过修缮而增设之耳。且以此等泥土筑造之城，比之绵亘一千二百乃至一千五百力格之大河，修筑堤防开浚水道之事，犹为容易之业，然其难且如此，则禹之治水，当需多大之劳苦与岁月乎？试以隆河之屡次泛滥为比，隆河之下流，较之黄河、长江之下流，不过四分之一，然治之犹需若干功力。彼禹之修改中国之大河，几与修正微弱之小川之水道无异。则此等具有怪力之禹，殆非人间之人也。"

按治水之难，以人工及经费为首。近世人工皆须以金钱雇之，故兴工必须巨款。吾国古代每有力役，但须召集民人，无须予以金钱。故《书》《史》但称禹之治水，不闻唐、虞之人议及工艰费巨者，此其能成此等大工之最大原因也。西人但读《禹贡》，不知其时治水者，实合全国人之力，故疑禹为非常之人。若详考他书，则知其治水非徒恃一二人之功。观《史记》《书经》注疏即可知矣。

《史记·夏本纪》："禹乃遂与益，后稷奉帝命，命诸侯百姓兴人徒以傅土。"

《书·益稷》："弼成五服，至于五千，州十有二师。"

伪《孔传》："服，五百里，四方相距，为方五千里。治洪水，辅成之，一州用三万人功。九州，二十七万庸。"孔颖达疏："治水之时，所役人功，每州用十有二师，通计之，一州用三万人功，总计九州用二十七万庸。庸亦功也。州境既有阔狭，用功必有多少，例言三万人者，大都通率为然。惟言用三万人者，不知用功日数多少，治水四年乃毕，用功盖多矣，不知用几日也。"

按孔氏以周法证夏事，谓一州用三万人。《尚书大传》则曰："古者八家而为邻，三邻而为朋，三朋而为里，五里而为邑，十邑而为都，十都而为师，州十有二师焉。"注曰："州凡四十三万二千家。"据此，则当时每家出一人，助禹治水，即一州有四十三万二千人。九州之水，所用徒役，都三百八十八万八千人。虽未必同时并作，而经年累月，更番迭起，故能成此巨功也。

禹之治水，不徒治大水也，并田间之畎浍而亦治之。

《益稷》："禹曰：予决九川，距四海，浚畎浍，距川。"

伪《孔传》："一畎之间，广尺，深尺，曰畎；方百里之间，广二寻，深二仞，曰浍。浚深之至川，亦入海。"

孔子之称禹，不颂其治江河，而独颂其尽力沟洫。

《论语·泰伯》："子曰：禹吾无间然矣！……卑宫室而尽力乎沟洫。"

盖畎浍沟洫之利，实较江河巨流为大。

《日知录》（顾炎武）："夫子之称禹也，曰尽力乎沟洫。而禹自言，亦曰浚畎浍距川。古圣人有天下之大事，而不遗乎其小如此。古之通津巨渎，今日多为细流，而中原之田，夏旱秋潦，年年告病矣。"陈斌曰："三代沟洫之利，其小者，民自为之也。其大者，官所为也。沟洫所起之土，即以为道路。所通之水，即以备旱潦。故沟洫者，万世之利也。试观甽田之法，一尺之甽，二尺之遂，即耕而即成者也。今苏、湖之田，九月种麦，必为田轮，两轮中间，深广二尺。其平阔之乡，万轮鳞接，整齐均一，弥月悉成。古之遂径，岂有异乎？设计其五年而为沟浍，则合八家之力，而先治一横沟。田首之步之为百八十丈者，家出三人，就地筑土，二日而毕矣。明年，以八十家之力治洫，广深三沟，其长十之，料工计日，三日而半，七日而毕矣。又明年，以八百家之力为浍，广深三洫，其长百沟，料工计日，一旬而半，三旬而毕矣。即以三旬之功，分责三岁，其就必矣。及功之俱成，民甽田以为利。一岁之中，家修其遂，众治其沟洫，官督民而浚其浍。有小水旱，可以无饥，十分之饥，可救其五。故曰万世之利也。"

使仅有九川距海，而无畎浍距川，则农田水利，仍无由兴，而治川之功，为虚费矣。然此义若再为西人言之，则必更惊禹之神奇，谓禹遍天下之沟洫而一一治之。不知禹之浚九川及浚畎浍，皆身为之倡，而人民相率效之。

《淮南子·要略》："禹之时，天下大水，禹身执虆臿，以为民先。"

虽其勤苦异于常人，

《庄子·天下篇》："墨子称道曰：昔者禹之湮洪水，决江河，而通四夷九州也，名山三百，支川三千，小者无数。禹亲自操橐耜，而九杂天下之川，腓无胈，胫无毛，沐甚雨，栉疾风。"

而以大多数之人民之功，悉归于禹，则未知事实之真相耳。

治水之功，除水患，一也；利农业，二也；便交通，三也。观《禹贡》所载各州贡道：

〔冀州〕夹右碣石，入于河。

〔徐州〕浮于淮、泗，达于河。

〔豫州〕浮于洛，达于河。

〔兖州〕浮于济、漯，达于河。

〔扬州〕沿于江、海，达于淮、泗。

〔梁州〕浮于潜，逾于沔，入于渭，乱于河。

〔青州〕浮于汶，达于济。

〔荆州〕浮于江、沱、潜、汉，逾于洛，至于南河。

〔雍州〕浮于积石，至于龙门西河，会于渭汭。

是各州之路，无不达于河，亦无不达于冀州帝都者。以政治言，则帝都与侯国消息灵通，居中驭外，故能构成一大帝国；以经济言，则九州物产，转输交易，生计自裕。故人民咸遂其生，而有"于变时雍”之美。犹之近世国家，开通铁道，而政治经济，咸呈极大之变化。《禹贡》所称治水之功效：

> 九州攸同，四隩既宅。九山刊旅，九川涤源，九泽既陂，四海会同，六府孔修。庶土交正，底慎财赋，咸则三壤成赋。中邦锡土姓，祇台德先，不距朕行。

洵非虚语也！

第十一章　唐、虞之政教

自唐、虞至周皆封建时代，帝王与诸侯分地而治。帝王直辖之地不过方千里，其势殆等于今日一省之督军、省长。然以其为天下共主，故其政教必足以为各国之模范，而后可以统治诸侯。吾辈治古代历史者，当知其时帝王政教，具有二义：（一）施之于其直辖之地，兼以为各国之模范者；（二）统治各国之法。以此二义，故凡事皆取自近及远之术。

《书·尧典》："克明俊德，以亲九族。九族既睦，平章百姓，百姓昭明，协和万邦。……柔远能迩。惇德允元，而难任人，蛮夷率服。"

《皋陶谟》："慎厥身，修思永。惇叙九族，庶明励翼，迩可远在兹。"

其所设施，大都指畿甸而言，不能胥诸侯万国，一一如其措注。后世儒者，盛称其时之政教，则误认为道一风同。今人就各方面研究，见其多有出入，又痛诋古书为不可信，要皆未喻此义也。

唐、虞之时，以天然地理划分九州：冀州，济、河惟兖州，海、岱惟青州，海、岱及淮惟徐州，淮、海惟扬州，荆及衡阳惟荆州，荆、河惟豫州，华阳、黑水惟梁州，黑水、西河惟雍州。中间尝分为十二州。说者谓舜以冀州之北广大，分置并州；以青州越海，分置营州；又分燕以北为幽州。至禹即位，复为九州。然其文无征，不能定其界域。惟知其时确尝分为十二区域耳。

《尧典》："肇十有二州，封十有二山。""咨十有二牧。"

又即九州分为五服。

《皋陶谟》："弼成五服，至于五千。"

《史记·夏本纪》谓："令天子之国以外五百里甸服，甸服外五百里侯服，侯服外五百里绥服，绥服外五百里要服，要服外五百里荒服。"

以地形证之，四方相距，未必能平均如其里数。惟可知其治地约分此五种界限，甸服直接于天子，侯、绥服为诸侯治地，要、荒服皆蛮夷，其文化相悬甚远耳。

当时诸侯号为万邦，亦非确数。其阶级盖分五等。

《尧典》："辑五瑞。"马融曰："五瑞：公、侯、伯、子、男所执以为瑞信也。"

其长曰牧，曰岳，曰伯。

《尧典》："觐四岳群牧。""咨十有二牧。"

《左传·宣公三年》："贡金九牧。"

《尚书大传·虞夏传》："惟元祀，巡守四岳八伯。""八伯咸进稽首。"

其国中制度不可考。以书观之，岳、牧之在中央政府颇有大权。如尧、舜举人命官，皆咨询岳、牧。而中央政府亦可黜陟之：

《尚书大传·唐传》："《书》曰：三岁考绩，三考黜陟幽明。其训曰：三岁而小考者，正职而行事也。九岁而大考者，黜无职而赏有功也。其赏有功也，诸侯赐弓矢者，得专征；赐铁钺者，得专杀；赐圭瓒者，得为鬯以祭。不得专征者，以兵属于得专征之国；不得专杀者，以狱属于得专杀之国；不得专赐圭瓒者，资鬯于天子之国，然后祭。"

《虞夏传》："古者，诸侯之于天子也，三年一贡士。天子命与诸侯辅助为政，所以通贤共治，示不独专，重民之至。大国举三人，次国举二人，小国举一人。一适谓之攸好德，再适谓之贤贤，三适谓之有功。有功者，天子赐以车服弓矢，再赐以秬鬯，三赐以虎贲百人，号曰'命诸侯'。命诸侯得专征者，邻国有臣弑其君、孽伐其宗者，虽勿请于天子而征之，可也。征而归其地于天子。有不贡士，谓之不率正者，天子绌之。一不适谓之过，再不适谓之敖，三不适谓之诬。诬者天子绌之，一绌，少绌以爵；再绌，少绌以地；三绌，而爵地毕。"（按《大传》之言，未必即为唐、虞之定制，然足证当时诸侯可以黜陟。）

中央政府与各州诸侯之关系，以巡狩述职为最重之事。

> 《尧典》："五载一巡狩，群后四朝。"
>
> 《尚书大传·唐传》："五年，亲自巡狩。巡，犹循也；狩，犹守也。循行守视之辞，亦不可国至人见为烦扰。故至四岳，知四方之政而已。"
>
> 《虞传》："九共以诸侯来朝，各述其土地所生美恶，人民好恶，为之贡赋政教。"

观《尚书》之文，当时帝者巡狩之要义有三：（一）致祭。如岁二月至于岱宗，柴，望秩于山川是；（二）壹法。如协时月，正日，同律度量衡是；（三）修礼。如修五礼、五玉，三帛，二生一死贽，如五器，卒乃复是。三者之中，以第二义为最切于民生日用，并可以推见当时诸侯之国，往往各用其相传之正朔，各用其律度量衡，不必与中央政府之定制相同。故虞帝定制，越五年一往考察，务使之齐同均一。此即统一中国之大纲也。《尚书大传》述古巡狩之事项较《虞书》为详，疑其以后世之法傅之，未必即为唐、虞之制。然其意亦可参考也。

> 《尚书大传·唐传》："见诸侯，问百年，命大师陈诗以观民风俗，命市纳贾以观民好恶。山川神祇有不举者为不敬，不敬者削以地。宗庙有不顺者为不孝，不孝者黜以爵。变礼易乐为不从，不从者君流。改衣服制度为畔，畔者君讨。有功者赏之。《尚书》曰：'明试以功，车服以庸。'"

古无印绶符节之制，其执以为信者，曰瑞，曰圭。有颁敛留复之法，犹后世之摘印、接印也。

《尧典》："辑五瑞。""班瑞于群后。"马融曰："尧将禅舜，使群牧敛之，使舜亲往班之。"

《尚书大传·唐传》："古者，圭必有冒。言下之必有冒，不敢专达也。天子执冒以朝诸侯，见则复之。故冒圭者，天子所与诸侯为瑞也。瑞也者，属也。无过行者，得复其圭，以归其国。有过行者，留其圭。能改过者，复其圭。三年，圭不复，少黜以爵；六年，圭不复，少黜以地；九年，圭不复，而地毕。所谓诸侯之朝于天子也，义则见属，不义则不见属。"

禹会涂山，诸侯执玉，即沿唐、虞之制。

《左传·哀公七年》："禹会诸侯于涂山，执玉帛者万国。"

非徒以之行礼，且以之行赏罚焉。中央有黜陟之权，而后藩镇有戒慎之意。若徒事宽大，任诸侯之跋扈，而莫可如何，岂所以为政哉！

唐、虞之时，中央政府之财政与各国之财政，亦截然划分。冀州甸服，有赋无贡，而人民之粟米直接输纳于帝廷之官府。此外八州四服，则民赋各输于其国，而国君各市其地之物以为贡。

《禹贡》："五百里甸服，百里赋纳总，二百里纳铚，三百里纳秸服，四百里粟，五百里米。"孙星衍曰："《诗·

甫田》疏引郑志云：凡所贡篚之物，皆以税物市之，随时物价，以当邦赋。《周礼》：太宰以九贡致邦国之用。疏云：诸侯国内，得民税，大国贡半，次国三之一，小国四之一。所贡者，市取当国所出美物，则《禹贡》所云'厥篚厥贡'之类是也。据此，知徐州虽有厥贡之文，不入谷，准其赋之额，买土物以贡。冀州不言厥贡，以帝都所需，令有司市买，不烦诸侯贡篚，故入谷不贡也。"

其时矿产发达，货币之用渐兴。

《禹贡》："扬州贡金三品。""荆州贡金三品。""梁州贡璆、铁、银、镂。"

《山海经》："禹曰天下名山，经五千三百五十，六万四千五十六里……出铜之山，四百六十七，出铁之山，三千六百九十。"

《史记·平准书》："虞夏之币，金为三品。"

以禹以九牧贡金铸鼎之事推之，疑当时各国所用货币，其鼓铸及发行之权，皆属于中央，故曰"六府孔修，底慎财赋"也。

吾观于唐、虞帝者之抚侯国，可谓疏节阔目矣。然黜陟大权，操之自上，不使有外重内轻之虞。分画财赋，各有权限，俨然有国家地方之别。是古代固以法治，非徒以人治也。法立令行，内外井井，而中央政府之政务，自亦简易而无须多人。伪古文《周官》篇称"唐、虞稽古，建官惟百"，虽未必可信，然《尧典》《皋陶谟》称其时之官吏，不过曰百工、百揆、百僚，是官吏之大数不过百也。

更稽其职掌，则有：

历官，羲、和及四子司历象。司空，禹作司空，宅百揆。稷官，弃居稷官，播百谷。司徒，契为司徒，敷五谷。理官，皋陶作士，司五刑。（《说苑·修文篇》："皋陶为大理。"）工官，垂为共工。虞，益作虞，司上下草木鸟兽。礼官，伯夷作秩宗，典三礼。教官，夔典乐，教胄子。纳言，龙作纳言，出纳帝命。

荦荦数大端，中央政府之政务已赅括无余。其异于后世者，独无外交官及海陆军耳。

唐、虞帝国之官，司教育者有二职，盖一司普通教育，一司专门教育也。普通教育专重伦理。

> 《左传·文公十八年》："举八元，使布五教于四方，父义、母慈、兄友、弟恭、子孝，内平外成。"
>
> 《孟子·滕文公》："人之有道也，饱食、暖衣、逸居而无教，则近于禽兽。圣人有忧之，使契为司徒，教以人伦——父子有亲，君臣有义，夫妇有别，长幼有序，朋友有信。"

其施教之法不可考。专门教育则有学校，其学校曰庠，亦曰米廪。

> 《礼记·王制》："有虞氏养国老于上庠，养庶老于下庠。""虞庠在国之四郊。"
>
> 《明堂位》："米廪，有虞氏之庠也。"

以《王制》之言推之，有虞氏国都内外，当有学校六所。夔之所司，未知属何学校，或夔专司上庠，而下庠及四郊之庠，则属于司徒欤？

有虞之学校有二事：一曰养老，

《礼记·王制》："有虞氏皇而祭，深衣而养老。""凡养老，有虞氏以燕礼。"

据说《礼》者之言，则学校所养之老，凡四种：

皇侃曰："人君养老有四种，一是养三老五更；二是子孙为国难而死，王养死者父祖；三是养致仕之老；四是引户校年，养庶人之老。"

有虞所谓国老，殆即前三者，而庶老则第四种也。以燕礼养老，未知专指国老，抑兼养庶老，其礼亦不可考。说者以《周礼》释之，大致当亦不远。

《王制》疏："有虞氏以燕礼者，虞氏云：燕礼，脱屦升堂。崔氏云：燕者，肴烝于俎，行一献之礼，坐而饮酒，以至于醉。以虞氏帝道弘大，故养老以燕礼。"

吾意虞学名庠，庠者，养也。其养之之法，必不止于帝者来庠之时，一举燕礼而已。凡在庠之老者，必有常年之膳食，如近世各国之有养老金者然。而老者在庠无所事事，则又等于素餐，故必各就所长及其多年之经验，聚少年学子而教之。于是耆老之所居，转成最高之学府。而帝者以其为宿学之所萃，亦时时临莅，以聆其名言至论，取以为修身治国之准绳。少年学子见一国之元首，亦隆礼在庠之师儒，则服教说学之心因之益挚。此古代以学校养老之用意也。

一曰教乐，其所教为诗歌声律。

> 《尧典》："诗言志，歌永言，声依永，律和声。"

即近世所谓声音学、言语学、文学、音乐诸科也。此诸科者，似不切于实用。然观当时之风气，则诗乐实与宗教、政治有大关系。

> 《尧典》曰："八音克谐，无相夺伦，神人以和。"
>
> 《皋陶谟》曰："戛击鸣球，抟拊琴瑟以咏。祖考来格，虞宾在位，群后德让，下管鼗鼓，合止柷敔，笙镛以间，鸟兽跄跄，箫韶九成，凤皇来仪。"（是宗教之关系也）"帝庸作歌曰：敕天之命，惟时惟几。乃歌曰：股肱喜哉！元首起哉！百工熙哉！皋陶拜手稽首飏言曰：念哉！率作兴事，慎乃宪，钦哉！屡省乃成，钦哉！乃赓载歌曰：元首明哉！股肱良哉！庶事康哉！又歌曰：元首丛脞哉！股肱惰哉！万事堕哉！"（是政治之关系也）
>
> 《尚书大传·虞夏传》："乐正定乐名，元祀代泰山，贡两伯之乐焉。阳伯之乐，舞《株离》，其歌声比余谣，名曰《皙阳》。仪伯之乐，舞䙡哉，其歌声比大谣，名曰《南阳》。中祀大交霍山，贡两伯之乐焉。夏伯之乐，舞谩彧，其歌声比中谣，名曰《初虑》。羲伯之乐，舞将阳，其歌声比大谣，名曰《朱于》。秋祀柳谷华山，贡两伯之乐焉。秋伯之乐，舞蔡俶，

其歌声比小谣，名曰《苓落》。和伯之乐，舞玄鹤，其歌声比中谣，名曰《归来》。幽都弘山祀，贡两伯之乐焉。冬伯之乐，舞齐落，歌曰《缦缦》，垂为冬伯，舞丹凤，一曰《齐落》，歌曰《齐落》，一曰《缦缦》。”

是天子巡狩之时，八伯皆须贡乐，亦与政治、宗教有关系也。诵诗可以知政，作乐可以降神，则文化教育，亦即其时之实用教育也。观舜以音乐察治忽。

《皋陶谟》：“予欲闻六律五声八音，在治忽。”

盖古人以声音之道与政通，故恒注重于声乐。而学生以此为教科，则一以淑学者之性情，一以裕学者之知识，储材化俗之意兼而有之焉。

唐、虞之官吏，殆多由大臣举用。

《左传·文公十八年》：“舜臣尧，举八恺，使主后土……举八元，使布五教于四方。”

其用人虽多出于贵族，然必以其言论及事功参稽而用之。

《尧典》：“询事考言。”“敷奏以言，明试以功。”

《皋陶谟》：“工以纳言，时而飏之。格则承之庸之。”

且惩戒之法甚严，失职不免鞭挞，甚且著之刑书。

《尧典》："鞭作官刑。"

《皋陶谟》："挞以记之，书用识哉。"

其考绩必以三年者，取其官久而事习，然后可以定其优劣也。

《尧典》："三载考绩。"（后世官吏有任期，实本此制）

官法虽严，而君臣之分际，初不若后世之悬隔。相与对语，率以“尔”“汝”之称。如：

《皋陶谟》："帝曰：来！禹，汝亦昌言。""皋陶曰：俞！师汝昌言。""禹曰：安汝止。"

且设四邻，以为人主之监督。

《尚书大传·虞夏传》："古者，天子必有四邻，前曰疑，后曰丞，左曰辅，右曰弼。天子中立而听朝，则四圣维之。是以虑无失计，举无过事。故《书》曰‘钦四邻’，此之谓也。""天子有问，无以对，责之疑；可志而不志，责之丞；可正而不正，责之辅；可扬而不扬，责之弼。其爵视卿，其禄视次国之君。"

故君主无由专制，而政事无不公开也。

唐、虞地方之制不可考，以《大传》及《史记》相参，则其时有邑、里、都、师等区画。

《尚书大传·召诰》："古者处师，八家而为邻，三邻而为朋，三朋而为里，五里而为邑，十邑而为都，十都而为师，州十有二师焉。家不盈三口者不朋，由命士以上不朋。"

《史记·五帝本纪》："一年而所居成聚，二年成邑，三年成都。"

其民殆多聚族而居。

《书序》："帝厘下土方，设居方，别生分类，作汩作，九共九篇。"

无姓者则赐之以姓。

《禹贡》："锡土姓。"

人民之职业甚多，

《淮南子·齐俗训》："尧之治天下，导万民也，水处者渔，山处者木，谷处者牧，陆处者农。地宜其事，事宜其械，械宜其用，用宜其人。泽皋织网，陵阪耕田，得以所有易所无，以所工易所拙。"

《史记·五帝本纪》："舜耕历山，渔雷泽，陶河滨，作什器于寿丘，就时于负夏。"（《禹贡》详载各州贡品，知其时畜牧、田渔、漆桑、纺织、商矿诸业皆备）

《考工记》："有虞氏上陶。"

大要以农业为本，有甽田之制。

> 《汉书·食货志》：“后稷始甽田，以二耜为耦，广尺深尺为圳，长终亩。一亩三圳，一夫三百圳，而播种于甽中。”

其民大率春夏皆处于野，秋冬则邑居。

> 《尧典》：“春厥民析，夏厥民因，秋厥民夷，冬厥民燠。”

按《汉书·食货志》述古制：“春令民毕出在野，冬则毕入于邑。其《诗》曰：‘四之日举趾，同我妇子，馌彼南亩，田馂至喜。’又曰：‘十月蟋蟀，入我床下，嗟我妇子，聿为改岁，入此室处。’所以顺阴阳，备寇贼，习礼文也。”可与《尧典》相证。

后世传其时垦田甚多，而人口甚少，虽多出于臆测，然以地域及史事观之，计亦约略相等。

> 《后汉书·郡国志》注引皇甫谧《帝王世纪》：“禹平洪水时，民口千三百五十五万三千九百二十三人。九州之地，凡二千四百三十万八千二十四顷。定垦者九百三十万六千二十四顷，不垦者千五百万二千顷。”

按皇甫谧不知据何书而能言唐、虞时田土人口之数凿凿如此，似不可信。然九州之地，垦辟不足一千万顷，似亦非过言。以《尚书大传》一州四十三万二千家计之，九州三百八十八万八千家，平均一家五口，亦不过一千九百四十四万人。况九州之都邑，未必一一皆如其数。则其时之人口，自不过一千数百万。观舜所居二年成邑，三年成都，则舜未居其地之前，皆空旷之地，无都邑也。土旷人稀，而生计进步，此尤其时号称郅治之大原。吾辈读史，不可徒研究其政教，而不就当时土地人民之数，一究其因果也。

唐、虞政教之梗概，及其社会之状况，具如上述。其尤重要者，则敬天爱民之义为后世立国根本。虽有专制之君、暴虐之主、刚愎自用之大臣，间亦违反此信条，而自恣其意，然大多数之人诵习典谟，认为立国惟一要义，反复引申，以制暴君污吏之毒焰。于是柄政者，贤固益以自勉，不肖亦有所惩。即异族入主中国，亦不能不本斯义，以临吾民。故制度可变，方法可变，而此立国之根本不可变。如：

> 《尧典》：“钦若昊天。”“敬授民时。”“钦哉，惟时亮天功。”
>
> 《皋陶谟》：“在知人，在安民。”“安民则惠，黎民怀之。”“天工人其代之。”“天叙有典，敕我五典五惇哉。”“天秩有礼，自我五礼有庸哉。”“天命有德，五服五章哉！天讨有罪，五刑五用哉！”“天聪明，自我民聪明。天明畏，自我民明威。”“惟动丕应徯志，以昭受上帝，天其申命用休。”

等等诸语，以天与民合为一事，欲知天意，但顺民心。凡人君之立政施教，不过就天道自然之秩序，阐发而推行之，直无所用其一人之主张。此尤治史者所当深考者也。

第十二章　夏之文化

夏后氏十四世，十七君，传祚四百数十年。

《史记·三代世表》："从禹至桀十七世。"

《通鉴外纪》注："夏十七君，十四世，通羿、浞四百三十二年。"

以进化之律论之，夏之社会，必以大进于唐、虞之时，然夏之历史多不可考，孔子尝屡言之。

《礼记·礼运》："孔子曰：我欲观夏道，是故之杞而不足征也，吾得夏时焉。"

《论语》："子曰：夏礼吾能言之，杞不足征也。"

太史公著《史记》，于当时所传夏代之书，亦多疑词。

《史记·夏本纪》："太史公曰：孔子正夏时，学者多传

《夏小正》云。”

《大宛列传》：“太史公曰：言九州山川，《尚书》近之矣，至《禹本纪》《山海经》所有怪物，余不敢言之也。”

今所传《虞》《夏书》，自《禹贡》以上，皆述唐、虞时事。其专述夏事者，惟三篇：

《甘誓》《五子之歌》《胤征》。

后仅存《甘誓》一篇，其文献之不足征，更甚于孔子、史公之时。故欲云夏之文化，无非凿空傅会而已。虽然，孔子能言夏礼，墨子多用夏政。

《淮南子·要略》：“墨子背周道而用夏政。”

箕子尝陈《鸿范》，魏绛实见《夏训》。

《左传·襄公四年》：“魏绛曰：《夏训》有之曰：有穷后羿。”

《孝经》本于夏法（章炳麟有《孝经本夏法说》）。《汉志》亦载《夏龟》，《汉书·艺文志》：“《夏龟》，二十六卷。”《七月》《公刘》之诗，多述夏代社会礼俗，可与《夏小正》参证。《小戴记》中《王制》《内则》《祭义》《明堂位》诸篇，凡言三代典制者，往往举夏后氏之制为首。是夏之文献虽荒落，然亦未尝不可征考其万一也。

夏之社会，农业之社会也。观《夏小正》及《豳风》，皆以农时为主，而附载其他事业。知其时所最重者，惟农事矣。当时田制有公私之分。

《夏小正》："正月初服于公田。"《传》："古有公田焉者，言先服公田而后服其田也。"

公私之田，一家种若干亩不可考，或谓一夫授田五十亩。

《孟子·滕文公》："夏后氏五十而贡。"赵岐《注》："民耕五十亩，贡上五亩。"

《日知录》（顾炎武）："古来田赋之制，实始于禹。水土既平，咸则三壤，后之王者，不过因其成迹而已。故《诗》曰：'信彼南山，维禹甸之。畇畇原隰，曾孙田之。我疆我理，南东其亩。'然则周之疆理，犹禹之遗法也。《孟子》乃曰：'夏后氏五十而贡，殷人七十而助，周人百亩而彻。'夫井田之制，一井之地，画为九区，故苏洵谓万夫之地。盖三十二里有半，而其间为川为路者一，为浍为道者九，为洫为涂者百，为沟为畛者千，为遂为径者万。使夏必五十，殷必七十，周必百，则是一王之兴，必将改畛涂，变沟洫，移道路以就之。为此烦扰而无益于民之事也，岂其然乎？盖三代取民之异在乎贡、助、彻，而不在乎五十、七十、百亩，特丈尺之不同，而田未尝易也。故曰'其实皆什一'也。……夏时土旷人稀，故其亩特大，殷周土易人多，故其亩渐小。以夏之一亩为二亩。其名殊而实一矣。”

其名地，方十里为成，

《左传・哀公元年》：“夏少康有田一成，有众一旅。”杜《注》：“方十里为成。”

方八里为甸。

《诗・信南山》：“维禹甸之。”郑《笺》：“六十四井为甸，甸方八里，居一成之中。成方十里，出兵车一乘。”

其典农者曰田畯，

《诗・豳风》：“田畯至喜。”《传》：“田畯，田大夫也。”

其居民多茅屋、土壁、荜户，

《诗・豳风》：“昼尔于茅，宵尔索绹，亟其乘屋。”“穹窒熏鼠，塞向墐户。”毛《传》：“向，北出牖也。墐，涂也。庶人荜户。”

缘屋种桑，男治田而女治蚕，

《诗・豳风》：“女执懿筐，遵彼微行，爰求柔桑。”毛

《传》："微行，墙下径也。五亩之宅，树之以桑。"

农隙则田夫射猎以肄武。

《诗·豳风》："一之日于貉，取彼狐狸，为公子裘。二之日其同，载缵武功，言私其豵，献豜于公。"

事皆先公而后私，其民风之淳朴，颇足多焉。
夏之教育，有序，有校。

《明堂位》："序，夏后氏之序也。"
《孟子》："夏曰校。"

乡校一曰公堂。

《诗·豳风》："跻彼公堂。"毛《传》："公堂，学校也。"

国学则曰学。

《夏小正》："二月丁亥，万用入学。"《传》："入学也者，大学也。"

入学以春仲吉日，行礼则舞干戚。

《夏小正传》："丁亥者，吉日也。万也者，干戚舞也。"

国之老者，亦养于学。

《礼记·王制》：“夏后氏以飨礼。”“养国老于东序，养庶老于西序。”“夏后氏收而祭，燕衣而养老。”

乡人则于十月跻公堂，行饮酒之礼。

《诗·豳风》：“十月涤场，朋酒斯飨。曰杀羔羊，跻彼公堂，称彼兕觥，万寿无疆。”

而国学特重教射焉，

《孟子》：“序者，射也。”

孔子称夏禹卑宫室，而启有钧台。

《左传·昭公四年》：“夏启有钧台之享。”

世又传启有璇台，桀有倾宫、瑶台。

《竹书纪年》：“帝启元年，大飨诸侯于钧台。诸侯从帝归于冀都，大享诸侯于璇台。”“夏桀作倾宫、瑶台，殚百姓之财。”

其宫室之崇卑，殆亦随时不同。《考工记》载夏世室之制，

《考工记》："夏后氏世室，堂修二七，广四修一，五室，三四步，四三尺，九阶，四旁两夹，窗，白盛，门堂三之二，室三之一。"

假定其时六尺为步，其尺之长略等于周尺，则其世室之修，不过今尺六丈有奇，广亦不过八丈有奇，而其中之室深不过二丈，宽亦不过二丈有奇，其制度之褊隘可想。《记》不言其屋高若干，以其深广度之，亦必不能过高。此孔子所以谓其"卑宫室"欤？

夏之器用颇简陋，观《公刘》之诗可见。

《诗·公刘》："乃裹糇粮，于橐于囊，弓矢斯张，干戈戚扬。""何以舟之，维玉及瑶，鞞琫容刀。""跄跄济济，俾筵俾几。""执豕于牢，酌之用匏。""涉渭为乱，取厉取锻。"

《礼记》述其礼器，有山罍、鸡彝、龙勺、龙簨虡。

《明堂位》："山罍，夏后氏之尊也。""夏后氏以鸡彝。""夏后氏以龙勺。""夏后氏之龙簨虡。"

则宗庙器具，亦有雕刻为鸡、龙等形者。惟其时色尚黑，

《檀弓》："夏后氏尚黑，戎事乘骊，牲用玄。"

虽有雕刻，度必墨色而无华采。此亦风尚质朴之征也。《考工记》称"夏后氏尚匠"。盖专重治水土、兴沟洫之事，而宫室器用

则弗求其美备欤？

夏代官制散见群书，其大数盖亦百人。

《明堂位》：“夏后氏官百。”

郑注《昏义》曰：“天子立六官、三公、九卿、二十七大夫、八十一元士，盖谓夏氏也。……夏后氏官百二十。”

执政之官，初为六卿，

《甘誓》：“乃召六卿。”

郑注《大传·夏书》云：“六卿者，后稷、司徒、秩宗、司马、作士、共工也。”

后改为五官。

《礼书通故》：“洪范八政：一曰食，二曰货，即虞后稷所掌；三曰祀，即虞秩宗所掌；四曰司空，五曰司徒，与虞官名同；六曰司寇，即虞之士；七曰宾，郑《注》云：若周大行人，是为司寇之属；八曰师，其司马也。夏自不窋失官后，后稷废，兵刑分。其制以秩宗、司徒、司空、司寇、司马为五官。”

其司空、司徒、司马，又号三公。

《尚书大传·夏传》：“天子三公：一曰司徒公，二曰司马公，三曰司空公。”

《月令正义》曰：“《书传》三公领三卿，此夏制也。”

此外有遒人，

《左传·襄公四年》：“《夏书》曰：遒人以木铎徇于路，官师相规，工执艺事以谏。”

有羲、和，

《史记·夏本纪》：“中康时，羲、和湎淫，废时乱日，胤往征之，作《胤征》。”

有太史，

《淮南子·氾论训》：“夏之将亡，太史令终古先奔于商。”

及车正，

《通典》：“夏后氏俾车正奚仲建旗旐，尊卑上下，各有等级。”

乐正，

《左传·昭公二十八年》：“乐正后夔生伯封……有穷后

羿灭之，夔是以不祀。”

虞人、啬人等官。

《夏小正》：“十一月，啬人不从。”“十二月，虞人入梁。”

其诸侯之长曰九牧，侯国之官有牧正、庖正。

《左传·哀公元年》：“少康为仍牧正，又为虞庖正。”

皆可推见夏之制度焉。

洪水以前虽有史官，而其著作之文罕传于后，今所传之虞夏书皆夏史官所纪载也。《皋陶谟》一篇或谓伯夷所作。

孙星衍曰：“史公云：禹、伯夷、皋陶相与语帝前，经文无伯夷者。《大戴礼·诰志篇》孔子引虞史伯夷曰：明，孟也。幽，幼也。似解‘幽明庶绩咸熙’。是伯夷为虞史官。史迁以‘皋陶方祇厥叙’，及‘夔曰戛击鸣球’，至‘庶尹允谐’，为史臣叙事之文，则即伯夷所述语也。”（按《尧典》至舜死，《皋陶谟》在《尧典》后，当皆夏时所撰。是伯夷为虞史，亦即夏史也。）

故论吾国史家义法，当始于夏。夏之史官，世掌图法。

《吕氏春秋·先识览》：“夏太史令终古出其图法，执而泣之。”

不知其图若何。世传伊尹见汤，言九品图画。

《史记·殷本纪》：“伊尹……从汤，言素王及九主之事。”《集解》：“刘向《别录》曰：九主者，有法君、专君、授君、劳君、等君、寄君、破君、国君、三岁社君，凡九品，图画其形。”

关龙逄引《皇图》。

《尚书帝命验》：“夏桀无道，杀关龙逄，绝灭《皇图》，坏乱历纪。”郑玄曰：“天之图形，龙逄引以谏桀也。”

疑当时史策，往往绘画古代帝皇之事，以昭监戒。史官所掌之外，学士大夫亦多习之。正不独九鼎之图画物象也。

《左传·宣公三年》：“昔夏之方有德也，远方图物，贡金九牧，铸鼎象物，百物而为之备，使民知神奸。故民入川泽山林，不逢不若，魑魅罔两，莫能逢之。”

金石文字，传世最久者，莫如夏鼎。而其鼎没于泗水，秦始皇使千人求之不得，后世亦无发见之者，可异也。

《周季编略》：“周显王三十三年，九鼎没于泗水。”
《史记·秦始皇本纪》：“二十八年，过彭城，斋戒祷祠，欲出周鼎泗水。使千人没水求之，弗得。”

后世所传《岣嵝碑》，

韩愈诗：“岣嵝山尖神禹碑，字青石赤形模奇。”

琱戈钩带及禹篆，

《钟鼎彝器款识》（薛尚功）：“有夏琱戈及钩带。”

《淳化阁帖》有夏禹篆书十二字，释者谓止“出、令、聂、子、星、记、齐、其、尚”九字。

皆伪作，不可信。《山西通志》载夏货甚多，盖亦《通志》所称尧泉、舜币之类耳。

第十三章 忠孝之兴

唐、虞以降，国家统一，政治组织，渐臻完备。于是立国行政，始有确定之方针。其方针大抵因时势之需要而定，救弊补偏，必有所尚。时移势异，偏弊不同，则所尚亦因之而异。其时无所谓政纲政策，故但名之曰道、曰尚。虞、夏、商、周所尚之道，详于《礼记·表记》：

> 子曰：夏道尊命，事鬼敬神而远之，近人而忠焉。先禄而后威，先赏而后罚，亲而不尊。其民之敝，蠢而愚，乔而野，朴而不文。殷人尊神，率民以事神，先鬼而后礼，先罚而后赏，尊而不亲。其民之敝，荡而不静，胜而无耻。周人尊礼尚施，事鬼敬神而远之，近人而忠焉。其赏罚用爵列，亲而不尊。其民之敝，利而巧，文而不惭，贼而蔽。
>
> 夏道未渎辞，不求备，不大望于民，民未厌其亲。殷人未渎礼，而求备于民。周人强民，未渎神，而赏爵刑罚穷矣。
>
> 虞夏之道，寡怨于民。殷周之道，不胜其敝。
>
> 虞夏之质，殷周之文，至矣。虞夏之文，不胜其质。殷周之质，不胜其文。

后世虽有作者，虞帝弗可及也已矣。君天下，生无私，死不厚其子。子民如父母，有憯怛之爱，有忠利之教。亲而尊，安而敬，威而爱，富而有礼，惠而能散。其君子尊仁畏义，耻费轻实，忠而不犯。义而顺，文而静，宽而有辨。

据此，是一代有一代所尚之道，其道各有所敝。而夏道近于虞，故虞、夏往往连言。后世遂只称夏、商、周三教而不称虞。

《说苑·修文篇》："夏后氏教以忠，而君子忠矣；小人之失野，救野莫如敬，故殷人教以敬，而君子敬矣；小人之失鬼，救鬼莫如文，故周人教以文，而君子文矣；小人之失薄，救薄莫如忠。"

《白虎通义》："王者设三教者何？承衰救弊，欲民反正道也。三正之有失，故立三教以相指受。夏人之王教以忠，其失野，救野之失莫如敬。殷人之王教以敬，其失鬼，救鬼之失莫如文。周人之王教以文，其失薄，救薄之失莫如忠。三教改易自夏后氏始。三教所以先忠何？行之本也。"

董仲舒《对策》曰："王者有改制之名，亡变道之实。然夏上忠，殷上敬，周上文者，所继之救，当用此也。……夏因于虞，而独不言所损益者，其道如一而所上同也。"

夏、商、周三代绵亘二千年，其政教风俗之变迁多矣。近世混而言之，不复加以区别，不知周、汉之人论三代史事，研究其性质，则立国行政之方针，固各有其截然不同者在。而其利弊得失，亦直言之而不为讳，足知昔人之论史，初非一意崇奉古人，不敢一议其失也。商、周之事以俟后论，兹先言虞、夏所尚之道。

夏道尚忠，本于虞。以孔子所言味之，如“忠利之教”“忠而不犯”“近人而忠”，则言君主及官吏之忠于民者二，而言官吏忠于君主者一。

> 孔《疏》：“忠利之教者，言有忠恕利益之教也。以忠恕养于民，是忠焉也。”此二者皆指君主官吏尽忠于民而言。“忠利之教”当以《左传·桓公六年》“上思利民，忠也”，及《孟子》“教人以善谓之忠”二义解之。孔《疏》：“忠而不犯者，尽心于君，是其忠也。无违政教，是不犯也。”此则为官吏对君上之忠。

足见夏时所尚之忠，非专指臣民尽心事上，更非专指见危授命。第谓居职任事者，当尽心竭力求利于人而已。人人求利于人而不自恤其私，则牺牲主义、劳动主义、互助主义悉赅括于其中，而国家社会之幸福，自由此而蒸蒸日进矣。

夏书不尽传，故夏道之证不多。周时专倡夏道者，墨子也。观墨子所称道，即可以推知夏道。

> 《庄子·天下篇》：“墨子称道曰：‘昔者禹之湮洪水，决江河，通四夷九州也，名山三百，支川三千，小者无数，禹亲自操橐耜而九杂天下之川，腓无胈，胫无毛，沐甚雨，栉疾风，置万国。禹大圣也，而形劳天下也如此。’使后世之墨者多以裘褐为衣，以跂跻为服，日夜不休，以自苦为极，曰：‘不能如此，非禹之道也，不足为墨。’”

大抵尚同、兼爱、节用、节葬之义，多由夏道而引申之。凡所谓圣王之法，疑皆夏时之法。

《墨子·节用上》："昔者圣王为法，曰：丈夫年二十，毋敢不处家；女子年十五，毋敢不事人。"《节用中》："古者圣王制为节用之法。曰：凡天下群工，轮、车、鞼、匏、陶、冶、梓匠，使各从事其所能。曰：凡足以奉给民用则止，诸加费不加于民利者，圣王弗为。""古者圣王制为饮食之法，曰：足以充虚继气，强股肱，耳目聪明，则止。不极五味之调，芬香之和，不致远国珍怪异物。""古者圣王制为衣服之法，曰：冬服绀緅之衣，轻且暖；夏服絺绤之衣，轻且清，则止。诸加费不加于民利者，圣王弗为。""古者圣王制为节葬之法，曰：衣三领，足以朽肉；棺三寸，足以朽骸，堀穴深不通于泉流，不发泄，则止。"《节葬下》："故圣王制为葬埋之法，曰：桐棺三寸，足以朽体；衣衾三领，足以覆恶；以及其葬也，下毋及泉，上毋通臭，垄若参耕之亩，则止矣。"

其忠于民以实利为止，不以浮侈为利。外以塞消耗之源，内以节嗜欲之过。于是薄于为己者，乃相率勇于为人，勤勤恳恳，至死不倦。

《节葬下》："昔者尧北教乎八狄，道死，葬蛩山之阴。舜西教乎七戎，道死，葬南巳之市。禹东教乎九夷，道死，葬会稽之山。"

此牺牲之真精神，亦即尚忠之确证也。夫人主不恋权位，不恤子孙，并一己之生命，亦愿尽献于国民而无所惜，垂死犹欲教化远方异种之人，其教忠之法何如乎？后儒不知忠之古谊，以臣民效命于元首为忠，于是盗贼豺虎，但据高位，即可贼民病国，而无所忌惮；而为其下者，亦相率为欺诈叛乱之行，侈陈忠义而忠义之效泯焉不可一睹。岂非学者不明古史，不通古谊之过哉！

夏道尚忠，复尚孝。章炳麟《孝经本夏法说》详言之：

《孝经·开宗明义章》曰：先王有至德要道。《释文》引郑氏说云：禹，三王先者。斯义最宏远，无证明者。山阳丁晏稍理其说，犹未昭晳。予以郑氏综撮全经，知其皆述禹道，故以先王属禹，非凭臆言之也。禹书不存，当以《墨子》为说。墨子兼爱，孟轲以为无父。然非其本。《艺文志》序墨家者流云：以孝视天下，是以尚同。《孝经·三才章》曰：先之以博爱，而民莫遗其亲。博爱，即兼爱。《天子章》曰：爱亲者不敢恶于人。疏引魏真克说，以为博爱。此即兼爱明矣。其征一也。《感应章》曰：故虽天子，必有尊也，言有父也；必有先也，言有兄也。《援神契》释以尊事三老，兄事五更。《白虎通德论》曰：不臣三老五更者，欲率天下为人子弟。《艺文志》序墨家曰：养三老五更，是以兼爱。此又墨家所述禹道，与《孝经》同。其征二也。《艺文志》序墨家曰：墨家者流，盖出于清庙之守。宗祀严父，是以右鬼。《孝经·圣治章》曰：孝莫大于严父，严父莫大于配天。是道相合。又《祭法》曰：有虞氏祖颛顼而宗尧，夏后氏祖颛顼而宗禹。此则明堂宗祀，虞以上祀异姓有德者，其以父配天，实自夏始。宗禹者启也，若禹即宗鲧矣。

然则严父大孝，创制者禹。其征三也。及夫墨家之蔽，不别亲疏，《节葬》所说与《丧亲章》义绝相反，要之同源异流，其本于禹道一也。其在《墨子》外者，《左氏传》曰：禹合诸侯于涂山，执玉帛者万国。《异义》引《公羊》说：殷三千诸侯，周千八百诸侯。是殷、周无万国，独夏有此。《孝经·孝治章》曰：故得万国之欢心，以事其先王。自非夏法，何有万国之数？其征一也。《周礼》五刑各五百，为二千五百章。《曲礼》曰：刑不上大夫。《正义》引张逸曰：谓所犯之罪，不在夏三千，周二千五百之科。《书·吕刑》序曰：吕命穆王训夏赎刑，其书言五刑之属三千。是则条律之数，夏、周有殊。《孝经·五刑章》曰：五刑之属三千，而罪莫大于不孝。非夏法则不得此数。其征二也。故以《墨子》明大义，以《书》《礼》《春秋》辨其典章，则《孝经》皆取夏法，先王为禹，灼然明矣。

考“孝”字始见于《虞书》。

《尧典》：“克谐以孝，烝烝乂，不格奸。”

而契之教孝，则在禹平洪水以后。虞、夏同道，故谓先王为禹，非凿空之谈也。章氏仅明《孝经》为夏法，而未言孝之关系。愚按古人知有母而不知有父，故姓多从母。自禹锡姓，而父子之伦以正。娶妻不娶同姓，而夫妇之伦以正。自秦以降，虽多以氏为姓，而男系相承，奕世不改。种族之繁，即由于最初之别姓。非若东西各国近亲为婚，漫无区别。此夏道之有关吾国历代之文明者一也。近世研究社会学者，谓社会之进化，当由宗法而进于军国。吾国数千年皆在宗法社会中，故进步迟滞。不知吾国进化，实由古昔圣哲提倡孝道。孝之为义，初不限于经营家族。如：

> 《孝经》曰："立身行道，扬名于后世，以显父母，孝之终也。"
>
> 《祭义》曰："居处不庄，非孝也。事君不忠，非孝也。莅官不敬，非孝也。朋友不信，非孝也。战陈无勇，非孝也。"

皆非仅以顺从亲意为孝。举凡增进人格，改良世风，研求政治，保卫国土之义，无不赅于孝道。即以禹之殚心治水，干父之蛊为例，知禹惟孝其父，乃能尽力于社会国家之事。其劳身焦思不避艰险，日与洪水猛兽奋斗，务出斯民于窟穴者，纯孝之精诚所致也。军国之义已非今世所尚，即以此为言，亦非夏道所病。观《甘誓》："用命赏于祖，不用命戮于社。"知战陈之勇，正为孝子所嘉。后世务为狭义之孝者，不可以咎古人。而礼俗相沿，人重伦纪，以家庭之肫笃，而产生巨人长德，效用于社会国家者，不可胜纪。此夏道之有关于吾国历代之文明者二也。世目吾国为祖先教，其风实始于夏。"严父配天"，已见章说，宗庙之制，章未之及。

> 《考工记》："夏后氏世室。"注："世室者，宗庙也。"
>
> 《明堂位》："鲁公之庙，文世室也。武公之庙，武世室也。"

按之二记，则周、鲁宗庙多沿夏世之法。所谓菲饮食而致孝乎鬼神者，即指其注重庙祭而言也。祭享之礼，其事似近于迷信，然尊祖敬宗实为报本追远之正务，视其他宗教徒求之冥漠不可知之上帝，或妄诞不经之教主者，盖有别矣。后世之于祭祀，因革损益，代有不同，而相承至今，无贵贱贫富，咸隆此祀祖之谊，虽侨民散处列邦，语言衣服胥已变异，而语及祖宗之国，父母之邦，庙祧坟墓之重，则渊然动其情感，而抟结维系，惟恐或先。此夏道之有关于吾国历代之文明者三也。

第十四章　洪范与五行

夏代有治国之大法九条，其文盖甚简约。流传至于商室，商之太师箕子独得其说。

《史记·宋微子世家》“太师少师”注：孔安国曰：“太师，箕子也。”

周武王克殷，访问箕子。箕子乃举所传者告之，是曰“洪范九畴”，亦曰“洪范九等”。

《书·洪范》：“维十有三祀，王访于箕子。王乃言曰：‘呜呼！箕子，惟天阴骘下民，相协厥居，我不知其彝伦攸叙。’箕子乃言曰：‘我闻在昔鲧湮洪水，汩陈其五行，帝乃震怒，不畀洪范九畴，彝伦攸教，鲧则殛死。禹乃嗣兴，天乃锡禹洪范九畴，彝伦攸叙。初一曰五行，次二曰敬用五事，次三曰农用八政，次四曰协用五纪，次五曰建用皇极，次六曰乂用三德，次七曰明用稽疑，次八曰念用庶征，次九曰向用五福，威用六极。”

《史记·宋微子世家》：“武王既克殷，访问箕子。武王曰：‘於乎！维天阴定下民，相和其居，我不知其常伦所序。’箕子对曰：‘在昔鲧湮洪水，汩陈其五行，帝乃震怒，不从洪范九等，常伦所斁，鲧则殛死。禹乃嗣兴，天乃锡禹洪范九等，常伦所叙。初一曰五行，二曰五事，三曰八政，四曰五纪，五曰皇极，六曰三德，七曰稽疑，八曰庶征，九曰向用五福，畏用六极。”

虽曰天之所锡，初未言天若何锡之，所谓彝伦，即常伦，犹言常事之次叙，亦未尝有何神秘之意义也。汉人始谓《洪范》出于《雒书》。

《汉书·五行志》：“《易》曰：‘河出图，雒出书，圣人则之。’刘歆以为虙羲氏继天而王，受《河图》，则而画之，八卦是也。禹治洪水，赐《雒书》，法而陈之，《洪范》是也。”

齐召南曰：“《易大传》曰：‘河出图，洛出书，圣人则之。’是言图书二者，皆出于伏羲之世，故则之以画八卦。即《尚书》本文，只言‘天乃锡禹洪范九畴’，不云锡禹以《洛书》，亦不云禹因《洛书》陈《洪范》也。以《洛书》为《洪范》，始于刘歆父子，后儒遂信之。”

《雒书》本文凡六十五字。

《汉书·五行志》：“初一曰五行，次二曰羞用五事，次三曰农用八政，次四曰叶用五纪，次五曰建用皇极，次六曰艾用三德，次七曰明用稽疑，次八曰念用庶征，次九曰向用五福，畏用六极。凡此六十五字，皆《雒书》本文……”

又谓为神龟所负。

《尚书大传》郑《注》：“初，禹治水得神龟，负文于洛。于以尽得天人阴阳之用。”

其说颇荒诞。又凡汉人说洪范者，以五行傅会人事，曰《洪范五行传》（《尚书大传》有《洪范五行传》）。

《汉书·五行志》：“刘向治《谷梁春秋》，数其祸福，传以《洪范》……向子歆言《五行传》，又颇不同。”

尤支离穿凿，世因以此病《洪范》。实则箕子所述夏法，第以次数说，初未以五行贯串其他八畴。即箕子所陈九畴之解释，

《史记集解》：孔安国曰：“五行以下，箕子所陈。”

惟五事，庶征相应。

《史记·宋微子世家》：“五事：一曰貌，二曰言，三曰视，四曰听，五曰思。貌曰恭，言曰从，视曰明，听曰聪，思曰睿。恭作肃，从作治，明作智，聪作谋，睿作圣。”“庶征：曰雨，曰旸，曰奥，曰寒，曰风，曰时。五者来备，各以其序，庶草繁庑。一极备，凶。一极亡，凶。曰休征：曰肃，时雨若；

曰治，时旸若；曰知，时奥若；曰谋，时寒若；曰圣，时风若。曰咎征：曰狂，常雨若；曰僭，常旸若；曰舒，常奥若；曰急，常寒若；曰雺，常风若。”

亦未指此五者与五行相应也。故《洪范》之中，有五行一畴，非九畴皆摄于五行。以五行为《洪范》中之一畴，而夏之大法彰；以九畴皆摄于五行，而夏之大法晦。此读经治史者所宜详考也。

汉代五行之说最盛，近人病其支离穿凿，则欲举古之所谓五行而并斥之。援据《荀子》，谓五行之说起于儒家。

《子思孟轲五行说》（章炳麟）：“荀子《非十二子》讥子思、孟轲曰：‘案往旧造说，谓之五行。’杨倞曰：‘五行，五常，仁、义、礼、智、信也。’五常之义旧矣，虽子思倡之，亦无损。荀卿何讥焉？寻子思作《中庸》，其发端曰：‘天命之谓性。’注曰：‘木神则仁，金神则义，火神则礼，水神则智，土神则信。’《孝经》说略同此，是子思之遗说也。古者洪范九畴，举五行，傅人事，义未彰著。子思始善傅会，旁有燕、齐怪迂之士，侈搪其说，以为神奇。耀世诬人，自子思始。宜哉，荀卿以为讥也。”

不知五行之见于经者，自《夏书》始。《墨子·明鬼篇》尝引之。

《书·甘誓》：“有扈氏威侮五行，怠弃三正。”

《墨子·明鬼篇下》：“然则姑尝上观乎《夏书·禹誓》曰：大战于甘，王乃命左右六人，下听誓于中军，曰有扈氏威侮五行，怠弃三正，天用剿绝其命。”

此岂儒家所伪造乎？按五行实起于黄帝。

《管子·五行篇》：“昔黄帝作五声，以政五钟。五声既调，然后作立五行，以正天时，五官以正人位。人与天调，然后天地之美生。”

《史记·历书》：“黄帝考定星历，建立五行。”

或谓起于伏羲，

《白虎通义》：“伏羲因夫妇，正五行，始定人道。”

其来甚久。至于夏代，因五行而起战争，则夏之特重五行可知。夏之大法首五行，箕子释之甚简。

《洪范》：“五行：一曰水，二曰火，三曰木，四曰金，五曰土。水曰润下，火曰炎上，木曰曲直，金曰从革，土爰稼穑。润下作咸，炎上作苦，曲直作酸，从革作辛，稼穑作甘。”

伏生释之，其义始显。

《尚书大传》：“水火者，百姓之所饮食也；金木者，百姓之所兴作也；土者，万物之所资生也，是为人用。”

明乎五行之切于人用，自知夏之大法首五行之故。征之《夏书》，五行之物，皆利用厚生所必须。

《左传·文公七年》："《夏书》曰：'戒之用休，董之用威，劝之以《九歌》，勿使坏。'九功之德皆可歌也，谓之《九歌》。六府、三事，谓之九功。水、火、金、木、土、谷，谓之六府；正德、利用、厚生，谓之三事。"

夏禹治水，益烈山，九牧贡金，徐州贡土，扬州贡木；以及稷教稼，而各州皆治田。即当时六府之行政。六府之政行而天下大治。故《书》曰"六府孔修"。有扈氏不修此六府，其民生国计之困乏可知。故曰"威侮五行，怠弃三正"，而为天子者不可以不讨。此夏代之法，亦即万世之法也。《洪范》五事，与休征、咎征相应，其理颇深赜，解者不得其恉，则以五行妖妄附会之。

《洪范五行传》："一曰貌。貌之不恭，是谓不肃。厥咎狂，厥罚常雨。厥极恶，时则有服妖，时则有龟孽，时则有鸡祸，时则有下体生于上之痾，时则有青眚青祥，维金沴木。次二事曰言。言之不从，是谓不艾。厥咎僭，厥罚常阳。厥极忧，时则有诗妖，时则有介虫之孽，时则有大祸，时则有口舌之痾，时则有白眚白祥，维木沴金。次三事曰视。视之不明，是谓不悊。厥咎荼，厥罚常奥。厥极疾，时则有草妖，时则有倮虫之孽，时则有羊祸，时则有目痾，时则有赤眚赤祥，维水沴火。次四事曰听。听之不聪，是谓不谋。厥咎急，厥罚常寒。厥极贫，时则有鼓妖，时则有鱼孽，时则有豕祸，时则有耳痾，时则有黑眚黑祥，维火沴水。次五事曰思。思心之不容，是谓不圣。厥咎霿，厥罚常风。厥极凶短折，时则有脂夜之妖，时则有华孽，时则有牛祸，时则有心腹之疴，时则有黄眚黄祥，维木、金、水、火沴土。”郑《注》：“凡貌、言、视、听、思、心，一事失，则逆人之心。人心逆，则怨。木、金、水、火、土、气为之伤，伤则冲胜来乘殄之。于是神怒人怨，将为祸乱。故五行先见变异，以谴告人也。及妖孽、祸疴、眚祥，皆其气类暴作，非常为时怪者也。各以物象为之占也。”

实则五行之得当与否，视一国之人之貌、言、视、听、思、心以为进退。虽不必以某事与某征相配，而其理实通于古今。如今人以水旱之灾为人事不尽之征，苟一国之人治水造林各尽心力，则年谷可以常丰。反之，则水旱频年，灾害并作者，其理与《洪范》所言何异？《洪范》但言尽人事则得休征，悖其道则得咎征，未尝专指帝王。使误认为一人之貌不恭，天即为之恒雨；一人之言不从，天即为之恒旸，则此帝王洵如小说中呼风唤雨之道士。如以国民全体解之，则《洪范》之言正可以惊觉国民，使各竭其耳、目、心、思以预防雨、旸、寒、燠之偏。充《洪范》之义，虽曰今之世界休明，科学发达，咸由人类五事运用得宜亦无不可。盖利用天然力与防卫天然力之变化，皆人类精神之作用。其为休咎无一能外于五事。世人日从事于此，而不知《洪范》备言其理，何哉？（按：五事之于休征、咎征，即近人所谓因果律。人事为因，而天行为果。其言初不奇异，如《老子》谓“大军之后，必有凶年”，亦以人事不尽为因，推言天行不顺之果也。）

《洪范》最尊皇极，盖当时政体如此，不足为病。《墨子》主张万民上同乎天子而不敢下比，天子之所是必是之，天子之所非必非之。即《洪范》所谓“皇极之敷言，是彝是训，于帝其训”之谊。然《洪范》一面尊主权，一面又重民意。如：

> 凡厥庶民，极之敷言。是训是行，以近天子之光。
>
> 汝则有大疑，谋及乃心，谋及卿士，谋及庶人，谋及卜筮。

等语，皆可见夏、商之时，人民得尽言于天子之前。天子有疑，且谋及于庶人。初非徒尊皇极而夺民权也。以今日投票权例之，当时国事分为五权：天子一人一权，卿士若干人一权，庶民若干人一权，龟一权，筮一权。五权之中，三可二否，皆可行事。庶民之权，等于天子。如：

> 汝则从，龟从，筮从，卿士逆，庶民逆，吉。

是卿士、庶民皆反对，而天子借龟、筮之赞成，可以专断。又如：

> 庶民从，龟从，筮从，汝则逆，卿士逆，吉。

则天子、卿士皆反对，而庶民借龟、筮之赞成，亦可以使天子、卿士放弃其主张，而从庶民之说也。《洪范》之尊重庶民若此，可以其行君主之制，遂谓为专制乎？《洪范》庶征一畴，末段曰：“庶民维星，星有好风，星有好雨，日月之行，则有冬有夏。月之从星，则以风雨。”亦谓卿士当从民之所好。好风则以风，好雨则以雨，或各从所好，则同时分为两党。如国民有好保守者，则卿士之保守党从之；国民有好进取者，则卿士之进取党从之。两党相切相劘，而政治遂得其中。此尤民主国家之法也。

第十五章　汤之革命及伊尹之任

君主世及之制，至夏而定。臣民革命之例，亦自夏而开。

《易》："汤武革命。"

然汤之革命，实为贵族革暴君之命，而非平民革贵族之命，此治史者所不可不辨。夏祚四百年，尝复国者再，五观之乱，则其宗室。

《中国历史教科书》（刘师培）："太康荒纵自娱，居于斟鄩。昆弟五人，须于洛汭，忘大禹之命，以作乱，拟伐斟灌。故夏人作《五子之歌》，以致太康失邦。即古籍所谓五观之乱也。"

羿浞之篡，亦为贵臣。

《左传》"有穷后羿"注："羿，有穷君之号。"

《中国历史教科书》："后羿者，其先祖世为先王射官，帝喾封之于鉏。及有夏方衰，羿乃自鉏迁穷石，因夏民以代夏政。"

《左传·襄公四年》："寒浞，伯明氏之谗子弟也。伯明后寒弃之，夷羿收之，信而使之，以为己相。"

至于汤之伐桀，尤为贵族代嬗之政。汤之先祖与禹同为舜臣，相土及冥，世有勋业，积十四世之经营，

《史记·殷本纪》："殷契兴于唐、虞、大禹之际，功业著于百姓。"

《史记索隐》："相土佐夏，功著于商。《诗·商颂》曰'相土烈烈，海外有截'是也。"

《礼记·祭法》："冥勤其官而水死，殷人祖契而郊冥。"

《国语·周语》："玄王勤商，十四世而兴。"

有数十国之归向，

《尚书大传·殷传》："桀无道，囚汤。后释之。诸侯八译来朝者六国。汉南诸侯闻之，归之四十国。"

然后可以革夏政而抚夏民。故知吾国平民，自古无革命思想，非贵族为之倡始，势不能有大改革也。

古书述汤伐桀之事者甚多，而《书经》仅存汤誓众之词，其事之首尾不具。即以其文论之，似汤伐桀迥非民意，义师之举，纯由

威逼利诱而来。

《汤誓》:“格尔众庶,悉听朕言。非台小子敢行称乱。有夏多罪,天命殛之。今尔有众,汝曰:‘我后不恤我众,舍我穑事而割正夏。’予惟闻汝众言,夏氏有罪。予畏上帝,不敢不正。今汝其曰:‘夏罪其如台?’夏王率遏众力,率割夏邑,有众率怠弗协,曰:‘时日曷丧,予及汝偕亡!’夏德若兹,今朕必往。尔尚辅予一人,致天之罚,予其大赉汝。尔无不信,朕不食言。尔不从誓言,予则孥戮汝,罔有攸赦。”

虽师之用命与否,夏代例有誓词。

《甘誓》:“用命,赏于祖。不用命,戮于社。”

然既歆以大赉,又复恐以孥戮,此岂人人皆欲伐桀之词气耶?《逸周书》《孟子》所言则大异是:

《逸周书·殷祝》:“汤将放桀于中野,士民闻汤在野,皆委货扶老携幼奔,国中虚。……桀与其属五百人南徙千里,止于不齐。民往奔汤于中野。……桀与其属五百人徙于鲁,鲁士民复奔汤。”

《孟子·滕文公》:“汤始征,自葛载。十一征而无敌于天下。东面而征,西夷怨,南面而征,北狄怨。曰:‘奚为后我?’民之望之,若大旱之望雨也。归市者不止,芸者不变,诛其君,吊其民,如时雨降,民大悦。《书》曰:‘徯我后,后来其无罚！’”

两者相较，恐美汤者或非其实也。

唐、虞以来，礼教最重秩序。

《书·皋陶谟》：“天秩有礼，自我五礼有庸哉！”郑玄曰：“五礼：天子也，诸侯也，卿大夫也，士也，庶民也。”

庶民之去天子，阶级甚远，故虽有暴君昏主，人民亦敢怒而不敢言。非贵族强藩，躬冒不韪，无人能号召天下。然即世有勋伐如汤者，亦必自白其非称乱。此古人所谓名教之效，亦即今人所谓阶级之害也。夫革命与称乱近似而实大不同，无论贵族平民，均当分别其鹄的。恶专制而倡革命，可也；恶阶级而奖乱，不可也。汤之所以非称乱者，以其非以己之私利私害图夺桀位，而力求有功于民也。

《逸周书·殷祝》：“汤放桀而复薄，三千诸侯大会。汤取天子之玺，置之天子之坐，左退而再拜从诸侯之位。汤曰：‘此天子位，有道者可以处之。天下非一家所有也，有道者之有也。故天下者，唯有道者理之，唯有道者纪之，唯有道者宜久处之。’汤以此三让，三千诸侯莫敢即位，然后汤即天子之位。”

《史记·殷本纪》：“既绌夏命，还亳，作《汤诰》：维三月，王自至于东郊。告诸侯群后：‘毋不有功于民，勤力乃事。予乃大罚殛汝，毋予怨。’”

观其有国之后，为民请命，其为壹意救民，益可知矣。

《墨子·兼爱下》："汤曰：'唯予小子履，敢用玄牡'告于上天后曰：今天大旱，即当朕身履，未知得罪于上下，有善不敢蔽，有罪不敢赦，简在帝心。万方有罪，即当朕身；朕身有罪，无及万方。'即此言汤贵为天子，富有天下，然且不惮以身为牺牲，以祠说于上帝鬼神。"

汤之为人民而革命，以伊尹为主动之人。伊尹之为汤用，古书说者不同。或谓伊自干汤。

《墨子·尚贤中》："伊挚有莘氏女之私臣，亲为庖人。汤得之，举以为己相，与接天下之政，治天下之民。"

《庄子·庚桑楚》："汤以胞人笼伊尹。"

《史记·殷本纪》："伊尹名阿衡。阿衡欲干汤而无由，乃为有莘氏媵臣，负鼎俎以滋味说汤，致于王道。"

或谓汤先聘尹。

《孟子·万章》："伊尹耕于有莘之野，而乐尧舜之道焉。……汤使人以币聘之，嚣嚣然曰：'我何以汤之聘币为哉！'……汤三使往聘之，既而幡然改……"

《史记·殷本纪》："或曰：伊尹处士，汤使人聘迎之，五反，然后肯往从汤。……"

而《吕览》则折衷二说。

《吕氏春秋·本味》："伊尹生空桑，长而贤。汤闻伊尹，使人请之有侁氏。有侁氏不可。伊尹亦欲归汤。汤于是请取妇为婚。有侁氏喜，以伊尹为媵，送女。……汤得伊尹，祓之于庙，爝以爟火，衅以牺猳。明日，设朝而见之，说汤以至味。"

要之，伊尹之佐汤革命，实为由平民崛起之伟人，故后世慕之，传说其进身之由，各以己意增益之耳。

《汉书·艺文志》道家有《伊尹》五十一篇。当亦出于伪托，非尹之自著。尹之学说，惟略见于《史记》：

《史记·殷本纪》："汤曰：'予有言，人视水见形，视民知治不？'伊尹曰：'明哉！言能听，道乃进。君国子民，为善者皆在王官。勉哉，勉哉！'……从汤，言素王及九主之事。"

而《孟子》推言伊尹之志事独详。

《孟子·万章》："伊尹耕于有莘之野，而乐尧舜之道焉。非其义也，非其道也，禄之以天下，弗顾也；系马千驷，弗视也。非其义也，非其道也，一介不以与人，一介不以取诸人。……天之生斯民也，使先知觉后知，使先觉觉后觉也。予，天民之先觉者也。予将以斯道觉斯民也。非予觉之，而谁也？思天下之民，匹夫匹妇有不被尧舜之泽者，若己推而内之沟中。其自任以天下之重如此。”“何事非君？何使非民？治亦进，乱亦进。”

盖尹之志愿，专在改进当时之社会。不但不为一己之权利，不为成汤之权利，并亦不必推翻夏之政府。苟夏之政府能用其言，行其志，亦可以出于和平之改革。

《孟子·告子》:“五就汤，五就桀者，伊尹也。”

《史记·殷本纪》:“伊尹去汤适夏。既丑有夏，复归于亳。”

夏既不能用之，始不得已而佐汤伐夏。然其对天下负责之心，则不以夏室既亡而自懈，此诚平民革命者之模范。彼徒知破坏，不务建设，或惟争权利，不负责任者，正不能妄比于伊尹矣。

伊尹之建设，当见于《咸有一德》《伊训》诸书。今其文已亡，不可考见。惟《逸周书》载伊尹献令，略可见其规画。

《逸周书·伊尹朝献》：“汤问伊尹曰：‘诸侯来献，或无马牛之所生，而献远方之物，事实相反，不利。今吾欲因其地势所有献之，必易得而不贵。其为四方献令。’伊尹受命，于是为四方令，曰：‘臣请正东，符娄仇州伊虑沤深九夷十蛮越沤鬋发文身，请令以鱼皮之鞞、鲗鲗之酱、鲛瞂、利剑为献；正南，瓯邓桂国损子产里百濮九菌，请令以珠玑、瑇瑁、象齿、文犀，翠羽、菌鹤、短狗为献；正西，昆仑狗国鬼亲枳已阘耳贯胸雕题离身漆齿，请令以丹、青、白旄、纰罽、江历、龙角、神龟为献；正北，空同大夏莎车姑他旦略豹胡代翟匈奴楼烦月氏孅犁其龙东胡，请令以橐驼、白玉、野马、騊駼、駃騠、良弓为献。’汤曰：‘善。’”

其后，放太甲而代之行政，复归政于太甲，尤为人所难能。

《史记·殷本纪》：“汤崩，太子太丁未立而卒。于是乃立太丁之弟外丙，是为帝外丙。帝外丙即位三年，崩。立外丙之弟中壬，是为帝中壬，帝中壬即位四年，崩。伊尹乃立太丁之子太甲。……帝太甲元年，伊尹作《伊训》，作《肆命》，作《徂后》。帝太甲既立三年，不明，暴虐，不遵汤法，乱德，于是伊尹放之于桐宫。三年，伊尹摄行政当国，以朝诸侯。帝太甲居桐宫三年，悔过自责，反善。于是伊尹乃迎帝太甲而授之政。帝太甲修德，诸侯咸归殷，百姓以宁。伊尹嘉之，乃作《太甲训》三篇，褒帝太甲，称太宗。”

世或以《竹书》为疑。

《竹书纪年》：“太甲元年，伊尹放太甲于桐，乃自立。七年，王潜出自桐，杀伊尹。”

然太甲思庸，咎单作训，其书虽亡，而《序》犹可见。

《书序》：“太甲既立，不明，伊尹放诸桐。三年，复归于亳，思庸。伊尹作《太甲》三篇。”“沃丁既葬伊尹于亳。咎单遂训伊尹事，作《沃丁》。”

则伊尹事太甲，至疾丁时始卒，太甲何尝杀之？即刘知几亦以为事无左证，不信其说。

《史通·疑古篇》："《汲冢书》云：'太甲杀伊尹。'""伊尹见戮，并于正书，犹无其证。"

故论伊尹放太甲事，当以《孟子》之论为归。

《孟子·尽心》："公孙丑曰：'伊尹曰：予不狎于不顺，放太甲于桐，民大悦。太甲贤，又反之，民大悦。贤者之为人臣也，其君不贤，则固可放与？'孟子曰：'有伊尹之志，则可；无伊尹之志，则篡也。'"

惟尹有一介不取之志，故能行此非常之事。伊尹者洵吾国自有历史以来最奇之一人物也。

第十六章　殷商之文化

殷商传世年数，说者不同。

《史记·三代世表》："从汤至纣二十九世。"

《史记·殷本纪》集解："谯周曰：'殷凡三十一世，六百余年。'《汲冢纪年》曰：'汤灭夏，以至于受。二十九王，用岁四百九十六年。'"

要其自夏至周，实经五六百年。政教风尚，均大有改革。其传于今之文字，较夏为多。《书》之存者七篇：

《汤誓》《盘庚》三篇、《高宗肜日》《西伯戡黎》《微子》。

其佚而犹知其所为作者，凡三十余篇。

《书序》："自契至于成汤，八迁，汤始居亳，从先王居。作《帝告釐沃》。汤征诸侯，葛伯不祀，汤始征之。作《汤征》。伊尹去亳适夏，既丑有夏，复归于亳。入自北门，乃遇女鸠女房。作《女鸠女房》。”“汤既胜夏，欲迁其社，不可，作《夏社》《疑至》《臣扈》。”“汤归自夏，至于大坰，仲虺作《诰》。”“汤既黜夏命，复归于亳，作《汤诰》。”“伊尹作《咸有一德》。”“夏师败绩，汤遂伐三朡，俘厥宝玉，义伯、仲伯作《典宝》。”“咎单作《明居》。成汤既殁，太甲元年，伊尹作《伊训》《肆命》《徂后》。”“伊尹作《太甲》三篇。”“咎单训伊尹事，作《沃丁》。伊陟相大戊，亳有祥桑、谷共生于朝，伊陟赞于巫咸，作《咸乂》四篇。大戊赞于伊陟，作伊陟《原命》。仲丁迁于嚣，作《仲丁》。河亶甲居相，作《河亶甲》。祖乙圮耿，作《祖乙》。”“高宗梦得说，使百工营求诸野，得之傅岩，作《说命》三篇。”“祖己作《高宗之训》。”

《诗》之名颂十二篇，今之存者五篇。

《诗谱》（郑玄）：“宋戴公时当宣王，大夫正考父者，校商之名颂十二篇于周太师。以《那》为首，归以祀其先王。孔子录诗之时，则得五篇而已。”

《诗小序》载：《那》，祀成汤也。《烈祖》，祀中宗也。《玄鸟》，祀高宗也。《长发》，大禘也。《殷武》，祀高宗也。

其钟鼎之文传世至夥。

《积古斋钟鼎彝器款识》（阮元）载商钟三，鼎二十三，尊十七，彝二十七、卣十三、壶六、爵三十三、觚四、觯

十四、角七、敦六、甗二、鬲四、盉二、匜二、盘二、戈三、句兵二。阮录以文字有甲子等字者为商器，故著录最夥。《窸斋集古录》（吴大澂）第七册则以甲乙等字为祭器之数，多不标商器，然亦以商器文简为言。如亚形母癸敦未标商器，其跋语则谓“商器文简，多象形文字”。若以吴录所载敦鼎诸器分标商字，其数当更多于阮录也。

而近世发见之龟甲古文，学者咸称为殷商文字。

《殷商贞卜文字考》（罗振玉）：“光绪己亥，闻河南之汤阴发现古龟甲兽骨，其上皆有刻辞。翌年传至江南，予一见诧为奇宝。又从估人之来自中州者，博观龟甲兽骨数千枚，选其尤殊者七百。并询知发见之地，乃在安阳县西五里之小屯，而非汤阴。其地为武乙之墟，又于刻辞中得殷帝王名谥十余，乃恍然悟此卜辞者，实为殷室王朝之遗物。其文字虽简略，然可正史家之违失，考小学之源流，求古代之卜法。”

故考殷之文化，较愈于夏之无征焉。
商之异于夏者，教尚敬（见前），尚质，

《礼含文嘉》：“质以天德，文以地德，殷援天而王，周据地而王。”

《说苑·修文篇》：“商者，常也。常者质，质主天。”

色尚白，

《礼记·檀弓》："殷人尚白，大事敛用日中，戎事乘翰，牲用白。"

以十二月为正月，

《尚书大传》："殷以季冬月为正。"

岁曰祀，

《尔雅》："夏曰岁，商曰祀，周曰年，唐、虞曰载。"

其授田人七十亩，其工尚梓，

《考工记》："殷人尚梓。"

其庙制为重屋，

《考工记》："殷人重屋，堂修七寻，堂崇二尺，四阿重屋。"

其封爵以三等。

《白虎通》："殷爵三等，谓公、侯、伯也。"

而其尤异者，有三事：一曰迁国，二曰田猎，三曰祭祀。夏都安邑，未尝迁居。而商则自契至汤八迁：

《史记·殷本纪》："自契至汤八迁。"《通鉴外纪注》（刘恕）："契居商，昭明居砥石，相土居商丘，汤居亳，四迁事见《经》《传》，而不见余四迁。"《补注》（胡克家）："契始封商，昭明再迁砥石，三迁商，相土四迁商丘，帝芒时五迁殷，帝孔甲时六迁商丘，汤七迁南亳，八迁西亳。"

汤所居之亳三：

《中国历史教科书》："汤既胜夏，立景亳于河南，建为帝都。建东亳于商丘，西亳于商州，皆曰商邑。"

其后诸王复不常厥居。

《史记·殷本纪》："帝仲丁迁于隞。河亶甲居相。祖乙迁于邢。……帝盘庚之时，殷已都河北，盘庚渡河南，复居成汤之故居，乃五迁，无定处。……帝武乙立，殷复去亳，徙河北。"

《书古微》（魏源）："盘庚自邢迁亳，殷武丁又耸其德至于神明，以入于河，自河徂亳。武丁既没，其孙武乙又去亳而迁于河北之朝歌。"

《殷商贞卜文字考》："《史记·殷本纪》张守节《正义》言：《竹书纪年》自盘庚徙殷至纣之灭，二百七十五年，更不迁都。然考盘庚以后，尚迁都者再。《史记·殷本纪》：'武乙立，殷复去亳徙河北。’今本《竹书纪年》：‘武乙三年，自殷迁于河北。十五年，自河北迁于沬。’此盘庚以后再迁之明证也。但《史记》及《竹书》均言武乙徙河北，而未明指其地。今者龟甲兽骨，实出于安阳县城西五里之小屯，当洹水之阳。证以古籍，知其地为殷墟，武乙所徙，盖在此也。”

其迁居之原因多不可考。惟盘庚之迁殷，略述其故。

《盘庚上》：“先王有服，恪谨天命。兹犹不常宁。不常厥居，于今五邦。”

《盘庚中》：“先王不怀厥攸作，视民利用迁。”

《盘庚下》：“古我先王将多于前功，适于山。”

视利而迁，且适于山。山之利，殆即田猎之利。仲丁迁隞，其地多兽。武乙好猎，至为雷震。

《史记·殷本纪》：“武乙猎于河、渭之间，暴雷，武乙震死。”

殷之多迁都，实含古代游牧行国之性质。其谓诸帝因水患而徙者，未足为据也。

《书序》郑注：“祖乙又去相居耿，而国为水所毁，于是修德以御之，不复徙。祖乙居耿，后奢侈踰礼，土地迫近山，水尝圮焉。至阳甲立，盘庚为之臣，乃谋徙居汤旧都，治于亳之般地。商家自徙此而改号曰殷。”

殷之王室迁徙无常，其侯国亦遂效之。如周《诗》所载太王迁岐，文王作丰，武王都镐，皆殷事也。吾读诸诗，想见其时旷土甚多，丰草长林，初无居人，待新迁国者经营开辟。

《诗·大雅·绵》：“周原膴膴，堇荼如饴。”“乃疆乃理，乃宣乃亩。”“柞棫拔矣，行道兑矣。”

《皇矣》：“作之屏之，其菑其翳。修之平之，其灌其栵。启之辟之，其柽其椐。攘之剔之，其檿其柘。”“柞棫斯拔，松柏斯兑。”

则殷王室之迁徙，亦可由此而推知矣。

殷人之尚田猎，见于新出土之龟甲卜辞。

《殷商贞卜文字考》：“卜辞中所贞之事，祀与田猎几居其半。”“戊午，王卜贞田盂，往来无巛。”“戊子，王卜贞田臬，往来无巛。”“壬申，卜贞王田奚，往来无巛。”“壬辰，王卜贞田玫，往来无巛。”“丁卯，卜贞王田大，往来无巛。”“癸未，卜王曰贞，有马在行，其左射获。”“己未，卜以贞逐豕获。”“逐鹿获。”“贞其射鹿获。”（卜辞甚多，此仅摘录数条。）

其后世如纣之为沙丘苑台，广聚鸟兽，殆亦本其国之习俗而加甚耳。

《史记·殷本纪》："益收狗马奇物，充仞宫室。益广沙丘苑台，多取野兽蜚鸟置其中。"

周公称文王不敢盘于游田，又戒成王毋淫于观、于逸、于游、于田，即由以殷为鉴，而动此反感也（均见《书·无逸》）。然《诗》之《灵台》，尚夸鸟兽。

《诗·灵台》："王在灵囿，麀鹿攸伏。麀鹿濯濯，白鸟翯翯。"

而《逸周书》载武王猎兽，其数之多，至可骇异。

《逸周书·世俘篇》："武王狩，禽虎二十有二、猫二、麋五千二百三十五、犀十有二、氂七百二十有一、熊百五十有一、罴百一十有八、豕三百五十有二、貉十有八、麈十有六、麝五十、麋三十、鹿三千五百有八。"

是皆夏、商之际所未有也。

殷之尚猎，盖缘尚武之风。自汤以来，极重武力。

《史记·殷本纪》："汤曰：'吾甚武。'号曰武王。"

《诗·商颂·长发》："武王载旆，有虔秉钺。如火烈烈，则莫我敢曷。"

故囿制始于汤。

《淮南子·泰族训》："汤之初作囿也，以奉宗庙鲜犒之具，简士卒，习射御，以戒不虞。及至其衰也，驰骋猎射，以夺民时，罢民之力。"

其后武丁复张殷武，

《商颂·殷武》："挞彼殷武。"

伐鬼方，

《易·既济》："高宗伐鬼方，三年克之。"

服章多用翟羽。

《通鉴外纪》："武丁时编发来朝者六国，自是服章多用翟羽。"

至于武乙，且仰而射天。

《史记·殷本纪》："武乙为革囊盛血，仰而射之，命曰射天。"

其世尚强御可想矣。

《诗·大雅·荡》："文王曰咨，咨女殷商，曾是强御。”“强御多怼。”

殷人之尊神先鬼，孔子已言之。观汤之征葛，以葛之不祀为罪。

《书序》：“葛伯不祀，汤始征之，作《汤征》。”

《孟子·滕文公》：“汤居亳，与葛为邻。葛伯放而不祀。汤使人问之曰：‘何为不祀？’曰：‘无以供牺牲也。’汤使遗之牛羊。葛伯食之，又不以祀。汤又使人问之曰：‘何为不祀？’曰：‘无以共粢盛也。’汤使亳众往为之耕，老弱馈食。葛伯率其民，要其有酒食黍稻者夺之，不授者杀之。有童子以黍肉饷，杀而夺之。……为其杀是童子而征之。”

殆由葛伯主张无鬼，不以祭祀祖先为然。而汤则以祖先教号召天下，故因宗教不同而动兵戈。其后之以岁为祀，亦以明其注重祀事，更甚于夏也。《商颂》五篇，皆祭祀之诗。读《那》及《烈祖》诸篇，可推见其时祭祀之仪式。

《诗·那》：“猗与那与，置我鞉鼓。奏鼓简简，衎我烈祖。汤孙奏假，绥我思成。鞉鼓渊渊，嘒嘒管声。既和且平，依我磬声。於赫汤孙，穆穆厥声。庸鼓有斁，万舞有奕。我有嘉客，亦不夷怿。自古在昔，先民有作。温恭朝夕，执事有恪。顾予蒸尝，汤孙之将。”

《诗·烈祖》：“嗟嗟烈祖，有秩斯祜。申锡无疆，及尔斯所。既载清酤，赉我思成。亦有和羹，既戒既平。鬷假无言，时靡有争。绥我眉寿，黄耇无疆。约軧错衡，八鸾鸧鸧。以假以享，我受命溥将。自天降康，丰年穰穰。来假来享，降福无疆。顾予烝尝，汤孙之将。

《商书》亦多言祭祀鬼神之事。

《盘庚上》:“兹予大享于先王，尔祖其从与享之。”

《盘庚中》:“我先后绥乃祖乃父。乃祖乃父，乃断弃汝，不救乃死。”“乃祖乃父丕乃告我高后，曰：‘作丕刑于朕孙！’迪高后丕乃崇降不祥。”

《高宗肜日》:“典祀无丰于昵。”

《微子》：“今殷民乃攘窃神祇之牺牷牲，用以容，将食无灾。”

周之伐殷，且以弗祀为纣之罪状。

《书·牧誓》：“昏弃厥肆祀弗答。”

盖殷以崇祀而兴，以不祀而亡，此尤殷商一朝之特点也。尚鬼，故信巫。而巫氏世相殷室。

《书·君奭》：“在大戊时……巫咸乂王家。在祖乙时，则有若巫贤。”

《史记·殷本纪》：“伊陟赞言于巫咸。巫咸治王家有成，作《咸艾》。”“祖乙立，殷复兴，巫贤任职。”

《史记·封禅书》：“伊陟赞巫咸，巫咸之兴自此始。”

重祀，故精治祭器，而钟鼎尊彝之制大兴。

《册册父乙鼎跋》（阮元）："周器铭往往有'王呼史册''命某某'等语，商人尚质，但书册字而已。子为父作，则称父，以十干为名字。商人无贵贱皆同，不必定为君也。"（据此，知商之钟鼎独多者，以其君臣上下多为祭器以祀先也。）

祭必择日，故卜日之龟甲，犹流传于今世。此皆事理之相因者也。

殷之风气，既如上述。殊无以见其享国久长之故，吾尝反复诸书，深思其时之情势，而得数义焉。一则殷多贤君，故其国迭衰迭兴也。《史记·殷本纪》之称殷之兴衰凡十见：

雍己立，殷道衰。大戊立，殷复兴。河亶甲时，殷复衰。祖乙立，殷复兴。帝阳甲之时，殷衰。盘庚之时，殷道复兴。小辛立，殷复衰。武丁立，殷道复兴。帝甲淫乱，殷复衰。帝乙立，殷益衰。

与《夏本纪》之一称夏后氏德衰者不同，周公以《无逸》勉成王，盛称殷之三宗。

《书·无逸》："昔在殷王中宗，严恭寅畏天命自度，治民祗惧，不敢荒宁。""其在高宗时，旧劳于外，爰暨小人，作其即位……不敢荒宁，嘉靖殷邦。至于小大，无时或怨。""其在祖甲，不义惟王，旧为小人。作其即位，爰知小人之依，能保惠于庶民。……"

而《孟子》则谓其时贤圣之君六七作。

《孟子·公孙丑》："自成汤至于武丁，贤圣之君六七作。"

足知殷之贤君多于夏代矣。且商虽自汤以来，世尚武功，而其政术则任贤而执中，

《诗·长发》："汤降不迟，圣敬日跻。……不竞不絿，不刚不柔，敷政优优，百禄是遒。"

《孟子·离娄》："汤执中，立贤无方。"

非专偏于武力。至箕子陈述皇极。犹以刚柔互克为言。《史记》所谓殷道，其在是欤？

一则殷之兴学，盛于夏代也。据《礼记·王制》，殷有左右二学，

《王制》："殷人养国老于右学，养庶老于左学。"

又有瞽宗，

《明堂位》："瞽宗，殷学也。"

及庠序。

《学记》："党有庠，术有序。"庾氏云："党有庠，谓夏殷礼。"

《孟子·滕文公》："殷曰序。"

至其末造，周有辟雍，疑必殷有其制而周仿之。

《诗·灵台》："于论鼓钟，于乐辟雍。"

《王制》："天子曰辟雍，诸侯曰泮宫。"是周之为辟雍，实仿天子之制也。

虽其教法不可详考，以《说命》之遗文证之。知殷人之讲求教育及学术，远有端绪。

《文王世子》引《说命》曰："念终始典于学。"

《学记》引《说命》曰："惟斅学半。""敬孙务时敏，厥修乃来。"

风气所被，私家之学也兴。

《尚书大传》："散宜生、闳夭、南宫适三子者，学于太公。太公见三子，知为贤人，遂酌酒切脯，除为师学之礼，约为朋友。"（按此虽殷季之事，然私人从师受学，必不始于此。）

商之多士，咸知典册。

《书·多士》："惟尔知，惟殷先人有册有典。"

粒食之民，昭然明视。

> 《大戴礼·少间篇》："成汤服禹功，以修舜绪，为副于天，粒食之民，昭然明视，民明教，通于四海……殷德小破，二十有二世，乃有武丁即位，开先祖之府，取其明法，以为君臣上下之节，殷民更眩，近者悦，远者至，粒食之民，昭然明视。"

故其文化盛于夏代，而国家亦多历年所焉。

一则殷之民德纯厚，至帝乙以后始败坏也。殷之民风，略见于《盘庚》三篇，如：

> 民不适有居，率吁众慼，出矢言。相时憸民，犹胥顾于箴言。

盖殷民质直，有不适其意者，则直言之。而顾恤箴规，初不敢放佚为非也。说经者谓殷民奢淫成俗，然亦仅据《盘庚》所谓"乱政同位，具乃贝玉"及"无总于货宝，生生自庸"数语而言，未见其何等奢淫也。其后周公述殷代风俗，则自汤至帝乙时，官民无不勤劳敬慎。

> 《书·酒诰》："在昔殷先哲王，迪畏天显小民，经德秉哲，自成汤咸至于帝乙，成王畏相，惟御事，厥棐有恭，不敢自暇自逸，矧曰其敢崇饮。越在外服，侯甸男卫邦伯。越在内服，百僚庶尹，惟亚惟服宗工，越百姓里居，罔敢湎于酒，不惟不敢，亦不暇。惟助成王德显，越尹人祇辟。"

与《商颂》之言相合。

《诗·殷武》："稼穑匪解……不敢怠遑。"

至纣时，酗酒乱德，民俗大坏。

《书·微子》："殷罔不小大，好草窃奸宄。""小民方兴，相为敌仇。"

殷始由之而亡。周既定鼎，殷民犹思恢复。周公惮之，屡加诰诫，惟愿其安居田里。

《书·多士》："尔乃尚有尔土，尔乃尚宁干止。""今尔惟时宅尔邑，继尔居。"

《书·多方》："今尔尚宅尔宅，畋尔田。"

又时时迁徙其居，分散其族。

《书序》："成周既成，迁殷顽民。"

《左传·定公四年》："周分鲁公以殷民六族，条氏、徐氏、萧氏、索氏、长勺氏、尾勺氏，使师其宗氏，辑其分族，将其丑类，以法则周公。用即命于周。是使之职事于鲁。分康叔以殷民七族，陶氏、施氏、繁氏、锜氏、樊氏、饥氏、终葵氏……启以商政，疆以周索。"

盖殷民焊直之气与其团结之力，固易代而不衰也。

第十七章　传疑之制度

夏、殷之礼，文献无征。而古书所言古代制度，多有莫知何属者。汉、晋诸儒解释其制，往往托之于夏、殷，谓其与周代制度不合也。今以诸说合为一篇，标曰“传疑之制度”。

（一）九州之界域。

《尔雅》：“九州：两河间曰冀州，河南曰豫州，河西曰雍州，汉南曰荆州，江南曰扬州，济河间曰兖州，济东曰徐州，燕曰幽州，齐曰营州。”郭璞注：“此盖殷制。”郝懿行曰：“郭云‘此盖殷制’者，《释文》引李、郭同。《诗·周南·召南谱正义》引孙炎曰：‘此盖殷制。《禹贡》有梁、青无幽、营，《周礼》有幽、并无徐、营。’是孙炎以《尔雅》之文与《禹贡》《周礼》异，故疑为殷制。”又曰：“《逸周书·大匡篇》云：‘三州之侯咸率。’《程典篇》云：‘文王合六州之侯奉勤于商。’《商颂》云：‘奄有九有。’《毛传》：‘九有，九州也。’又云：‘帝命式于九围。’《毛传》：‘九围，九州也。’殷有九州，皆其证。”

（二）封建之制。

《礼记·王制》："天子之田方千里，公侯田方百里，伯七十里，子男五十里；不能五十里者，不合于天子，附于诸侯，曰附庸。"郑玄注："此殷所因夏爵三等之制也。"

（三）八州封国之数。

《王制》："凡四海之内九州，州方千里。州建百里之国三十。七十里之国六十，五十里之国百有二十，凡二百一十国。名山大泽不以封，其余以为附庸间田。八州，州二百一十国。"郑注："此殷制也。"孔颖达疏："'此殷制也'者，以夏时万国，则地余三千里，周又中国方七千里，今大界三千，非夏非周，故云殷制也。"

（四）王畿封国之数。

《王制》："天子之县内，方百里之国九，七十里之国二十有一，五十里之国六十有三，凡九十三国。名山大泽不以朌，其余以禄士，以为间田。"郑玄注："县内，夏时天子所居州界名也。殷曰'畿'。《诗·殷颂》曰：'邦畿千里。'周亦曰'畿内'。"

（五）九州封国之总数。

《王制》："凡九州，千七百七十三国。天子之元士，诸侯之附庸，不与。"郑注："《春秋传》云：禹会诸侯于涂山，执玉帛者万国。言执玉帛，则是惟谓中国耳。中国而言万国，则是诸侯之地，有方百里，有方七十里，有方五十里者，禹承尧、舜而然矣。要服之内，地方七千里，乃能容之。夏末既衰，夷狄内侵，诸侯相并，土地减，国数少。殷汤承之，更制中国方三千里之界，亦分为九州，而建此千七百七十三国焉。"

（六）方伯连帅之制。

《王制》："千里之外设方伯。五国以为属，属有长。十国以为连，连有帅。三十国以为卒，卒有正。二百一十国以为州，州有伯。八州、八伯、五十六正、百六十八帅、三百三十六长，八伯各有其属。属于天子之老二人，分天下以为左右，曰二伯。"郑注："属、连、卒、州，犹聚也。伯、帅、正，亦长也。凡长皆因贤侯为之。殷之州长曰'伯'，虞夏及周皆曰'牧'。"

（七）王室之官制。

《礼记·曲礼》："天子建天官，先六太，曰太宰、太宗、太史、太祝、太士、太卜，典司六典。""天子之五官，曰司徒、司马、司空、司士、司寇，典司五众。""天子之六府，曰司土、司木、司水、司草、司器、司货，典司六职。""天子之六工，曰土工、金工、石工、木工、兽工、草工，典制六材。"

郑玄注皆谓此“殷时制也”。

（八）冢宰制国用之法。

《王制》：“冢宰制国用，必于岁之杪，五谷皆入，然后制国用。用地小大，视年之丰耗，以三十年之通，制国用，量入以为出。祭用数之仂……丧用三年之仂。丧祭，用不足曰暴，有余曰浩。祭丰年不奢，凶年不俭。国无九年之蓄曰不足，无六年之蓄曰急，无三年之蓄曰国非其国也。三年耕，必有一年之食；九年耕，必有三年之食。以三十年之通，虽有凶旱水溢，民无菜色。然后天子食，日举以乐。”皮锡瑞《王制笺》案：“注疏不解冢宰，当是即以《周官》之冢宰解之。证以《白虎通》，则此经冢宰，必非《周官》冢宰。又引陈立《白虎通疏证》，定此冢宰为殷之太宰。”

（九）质成之法。

《王制》：“天子斋戒受谏，司会以岁之成，质于天子。冢宰斋戒受质。大乐正、大司寇、市、三官以其成质于天子。大司徒、大司马、大司空斋戒受质，百官各以其成质于三官。大司徒、大司马、大司空以百官之成质于天子，百官斋戒受质。然后休老劳农，成岁事，制国用。”黄以周《礼书通故》：“以《尚书·立政》《伏书·夏传》《戴记·曲礼》诸文参之，此盖殷制也。夏重司空，以司空公领司空，而上兼百揆。其司马公领司马，而又兼司寇。司徒公领司徒，而又兼秩宗。五官之职，以三公统摄之，是谓三宅。成汤因之。故《书•立政》曰：‘三有宅，克即宅。’此所谓大司徒、大司马、大司空者，即司徒公、司马公、司空公也。殷重司徒，故以大司徒、大司马、大司空为次。大乐正为殷之宗伯，大司徒领司徒，亦兼宗伯。故大乐正之质，从大司徒。大司马领司马，亦兼司寇，故大司寇之质，从大司马。大司空领司空，亦兼市，故市之质，从大司空。《曲礼》记殷五官之制，曰司徒、司马、司空、司士、司寇。司士，《左传》作司事，盖即周之宗伯，此又谓之大乐正。于大司徒三官之外，又曰大乐正、大司寇者，明五官之制也。市本小官，故不言大，特欲配下大司空举之耳。大乐正、大司寇、市之质，必从于大司徒、大司马、大司空者，明殷之五官亦如夏制，以三公统摄之也。司会为冢宰之属，冢宰即太宰。《曲礼》记殷官制，天官太宰，不与五官分职。故此司会之质，别受于冢宰，不从于大司徒三官。至周乃以太宰与五官同分职者，殷、周制之别也。”

（十）司空制地之法。

《王制》：“司空执度度地，居民山川沮泽，时四时，量地远近，兴事任力……凡居民材，必因天地寒暖燥湿，广谷大川异制，民生其间者异俗，刚柔轻重迟速异齐，五味异和，器械异制，衣服异宜。修其教不易其俗，齐其政不易其宜……凡居民，量地以制邑，度地以居民。地邑民居，必参相得也。无旷土，无游民，食节事时，民咸安其居，乐事劝功，尊君亲上，然后兴学。”皮锡瑞《王制笺》：“案司空，依今文说当为三公之司空，不当为六卿之司空。《韩诗外传》曰：'三公者何？曰司空、司马、司徒也。'司马主天，司空主土，司徒主人。《汉书·百官公卿表》同。《白虎通·封公侯》篇曰：'司马主兵，司徒主人，司空主地。'引《别名记》同。《御览》引《书大传》曰：'沟渎壅遏，水为民害，则责之司空。'《论衡》引《书大传》曰：'城郭不缮，沟池不修，水泉不降，水为民害，则责于地公。'盖司空一曰地公，正掌度地量地之事。此夏、殷官制与周官六卿不同者也。"

（十一）司徒及乐正教民之法。

《王制》："司徒修六礼以节民性，明七教以兴民德，齐八政以防淫，一道德以同俗，养耆老以致孝，恤孤独以逮不足。上贤以崇德，简不肖以绌恶。命乡简不帅教者以告。耆老皆朝于庠。元日，习射上功，习乡上齿，大司徒帅国之俊士与执事焉。不变，命国之右乡简不帅教者移之左，命国之左乡简不帅教者移之右，如初礼。不变，移之郊，如初礼。不变，移之遂，如初礼。不变，屏之远方，终身不齿。命乡论秀士，升之司徒，曰选士。司徒论选士之秀者而升之学，曰俊士。升于司徒者不征于乡，升于学者不征于司徒，曰造士。乐正崇四术，立四教，顺先王诗、书、礼、乐以造士。春秋教以礼、乐，冬夏教以诗、书。王太子、王子，群后之太子，卿大夫、元士之適子，国之俊、选，皆造焉。凡入学以齿。将出学，小胥、大胥、小乐正，简不帅教者以告于大乐正。大乐正以告于王。王命三公、九卿、大夫、元士皆入学。不变，王亲视学。不变，王三日不举，屏之远方。西方曰棘，东方曰寄，终身不齿。大乐正论造士之秀者以告于王，而升诸司马，曰进士。”（《正义》：“熊氏以为此中年举者，为殷礼。”）“天子命之教，然后为学。小学在公宫南之左，大学在郊。天子曰辟雍，诸侯曰頖宫。”郑玄曰：“此小学大学，殷之制。”

（十二）司马官人之法。

《王制》：“司马辩论官材，论进士之贤者以告于王而定其论。论定，然后官之。任官，然后爵之。位定，然后禄之。……有发，则命大司徒教士以车甲。凡执技论力，适四方，裸股肱，决射御。凡执技以事上者，祝、史、射、御、医、卜及百工。凡执技以事上者，不贰事，不移官。”皮锡瑞《王制笺》：“案今文家说，司马主天，谓之天官，其位最尊。故进退人才皆由司马。《周官》司马专主武事，与此不同也。”

（十三）司寇正刑明辟之法。

《王制》：“司寇正刑明辟，以听狱讼，必三刺。有旨无简不听。附从轻，赦从重。凡制五刑，必即天论，邮罚丽于事。凡听五刑之讼，必原父子之亲，立君臣之义，以权之。意论轻重之序，慎测浅深之量，以别之。悉其聪明，致其忠爱，以尽之。疑狱，泛与众共之，众疑，赦之。必察小大之比以成之。成狱辞，史以狱辞告于正，正听之。正以狱成告于大司寇，大司寇听之棘木之下。大司寇以狱之成告于王，王命三公参听之。三公以狱之成告于王，王三又然后制刑。凡作刑罚，轻无赦。……析言破律，乱名改作，执左道以乱政，杀。作淫声异服、奇技奇器以疑众，杀。行伪而坚，言伪而辩，学非而博，顺非而泽以疑众，杀。假于鬼神、时日、卜筮以疑众，杀。此四诛者，不以听。凡执禁以齐众，不赦过。”

（十四）田里关市之法。

《王制》：“古者，公田籍而不税，市廛而不税，关讥而不征，林麓川泽以时入而不禁。夫圭田无征。”“圭璧金璋不粥于市，命服命车不粥于市，宗庙之器不粥于市，牺牲不粥于市，戎器不粥于市，用器不中度不粥于市，兵车不中度不粥于市……锦文珠玉成器不粥于市，衣服饮食不粥于市，五谷不时，果实未熟不粥于市，木不中伐不粥于市，禽兽鱼鳖不中杀不粥于市。关执禁以讥，禁异服，识异言。”郑玄曰：“古者，谓殷时。”孔颖达曰：“此王制多是殷法。”

上十四则，见于《尔雅》者一，《小戴记·曲礼》者一，《王制》者十二。其谓为殷制者，皆以其与周制不合，故用反证之法，以为殷制。夫《商颂》之“九围”“九有”，既未言其异于夏、周，《殷祝》称诸侯三千，何以九州仅容千八百国？其余诸制亦多可疑。卢植谓《王制》为汉文帝博士诸生所作。郑玄谓《王制》之作在周赧王之后，其时距殷甚远，固不待言。俞樾、皮锡瑞谓《王制》为孔氏之遗书，七十子后学者所记，当亦未必尽弃周制而远法殷商。刘师培纂《中国历史教科书》直以《王制》所云悉属殷制，使学者据以为说，不复究其由来，则袭谬沿讹，其误非浅矣。愚意《王制》之言自属周、秦间学者理想中之制度，第此等理想亦必有其由来。今文家所谓变周之文从殷之质者，故非无见。兹列数证以明其虽非完全殷制，亦可借以推测殷代制度之梗概焉。

（一）诸侯国数。封建诸侯，自不能如布子于棋局，一一恰合其数。然殷末诸侯之数，似亦有一千七八百国。《史记·殷本纪》："周武王之东伐至盟津，诸侯叛殷会周者八百。"《逸周书·世俘》："武王遂征四方，凡憝国九十有九，凡服国六百五十有二。"以此计之，已有一千五百余国，其他岂无中立而不亡者？则谓殷之诸侯由三千而渐少至千八百国，亦理所宜有也。

（二）当时官制。《史记·殷本纪》："纣以西伯昌、九侯、鄂侯为三公。"是殷之尊官为三公也。《书·牧誓》周官司徒、司马、司空下，即称"亚旅""师氏"，以司徒、司马、司空为三公，与诸大夫有别也。当时周室之制必与殷制相近，故解《王制》者谓司徒、司马、司空为殷之三公，非傅会也。

（三）殷之重刑。商人先罚而后赏，故刑罚最严。《书·多方》曰："乃惟成汤，克以尔多方，简代夏作民主。慎厥丽乃劝，厥民刑用劝，以至于帝乙，罔不明德慎罚，亦克用劝。要囚，殄戮多罪，亦克用劝。开释无辜，亦克用劝。"以此言衡《王制》，则司寇之正罚明辟，似亦本于殷。且《墨子》称"汤有官刑"，《荀子》言"刑名从商"。刑名之严，殆自商始。《王制》以"析言破律，乱名改作"为大罪，其以此欤？

（四）关市田赋之制。《孟子》："殷人七十而助。"助者，借也。与"公田借而不税"之说合。又称"文王治岐，耕者九一，关市讥而不征，泽梁无禁”，亦殷末之事。《逸周书·大匡篇》：“无粥熟，无室市。”所谓粥熟，即饮食之成熟者，所谓室市，即室中各物皆取于市也。此殷之市禁行之于周者，特不如《王制》之详耳。

大抵人类之思想不外吸集、蜕化两途。列国交通，则吸集于外者富；一国独立，则蜕化于前者多。三代制度虽有变迁，而后之承前大都出于蜕化。即降至秦、汉学者，分别质文，要亦不过集合过去之思想为之整理而引申，必不能谓从前绝无此等影响，而后之人突然建立一说，乃亦条理秩然，幻成一乌托邦之制度。故谓《王制》完全系述殷制未免为郑、孔所愚，而举其说一概抹杀，谓其绝无若干成分由殷之制度细绎而生者，亦未免失之武断也。

第十八章　周室之勃兴

夏、商以降，史料渐丰，周之文化，烂焉可观。《周书》四十篇，今存者二十篇：

> 《泰誓》三篇（今存而不全）、《牧誓》（今存）、《武成》《鸿范》（今存）、《分器》《旅獒》《旅巢命》《金縢》（今存）、《大诰》（今存）、《微子之命》《归禾》《嘉禾》《康诰》（今存）、《酒诰》（今存）、《梓材》（今存）、《召诰》（今存）、《洛诰》（今存）、《多士》（今存）、《无逸》（今存）、《君奭》（今存）、《成王征》《将蒲姑》《多方》（今存）、《周官》《立政》（今存）、《贿肃慎之命》《亳姑》《君陈》《顾命》（今存）、《毕命》《丰刑》《君牙》《冏命》《蔡仲之命》《费誓》（今存）、《吕刑》（今存）、《文侯之命》（今存）、《秦誓》（今存）。

其逸者，复存五十九篇：

> 《汉书·艺文志》："《周书》七十一篇。"

《逸周书集训校释序》（朱右曾）："《周书》称逸，昉《说文》，系之《汲冢》，自《隋书·经籍志》。《隋志》之失，先儒辨之，不逸而逸，无以别于逸《尚书》，故宜复《汉志》之旧题也，其书存者五十九篇，并序，为六十篇。较《汉志》篇数亡其十有一焉。""师古云：'其存者四十五篇。'师古之后，又亡其三。然晋、唐之世，书有二本。刘知几《史通》云：'《周书》七十一章，上自文、武。下终灵、景。'不言有所阙佚，与师古说殊。《唐书·艺文志》：《汲冢周书》十卷，孔晁注，《周书》八卷。二本并列，尤明征也。其合四十二篇之注于七十一篇之本，而亡其十一篇者，未知何代，要在唐以后矣。"

其诗之存者，三百篇。

《史记·孔子世家》："古者诗三千余篇……去其重，取其可施于礼义者……三百五篇。"

而他书之相传为文王、周公所作，以及史家所记，诸子所述者尤夥，较之夏、商之文献无征，不可同日而语也。

周室之兴基于农业，此可以《诗》之《生民》《七月》《公刘》《思文》诸诗见之，无俟深论。公刘居豳之时，仅有庐馆宫室及公堂。

《诗·笃公刘》："于时庐旅。""于豳斯馆。"

《诗·七月》："上入执宫功。""入此室处。""跻彼公堂。"

至太王迁岐，始大营城郭宫室。

《诗·绵》："古公亶父，陶复陶穴。未有家室。……乃召司空，乃召司徒，俾立室家。""捄之陾陾，度之薨薨。筑之登登，削屡冯冯。百堵皆兴，鼛鼓弗胜。乃立皋门，皋门有伉。乃立应门，应门将将。乃立冢土，戎丑攸行。"

故周之开基，断自太王。太王以前之世系，且不可深考，其事迹更茫昧矣。

《国语》："自后稷之始基靖民，十五王而文始平之。"

《史记志疑》（梁玉绳）："契十三传为汤，稷十三传为王季，则汤与王季为兄弟矣。而禹、契、稷三圣，共事尧、舜，禹十七传至桀，汤三十七传至纣，二代凡千余年。而稷至武王才十六传，历尽夏、商之世。武王竟以十四世祖伐十四世孙，其谁信之？"

太王之迁岐，《诗》不言其何故，但述其走马而来。

《诗·绵》："古公亶父，来朝走马。率西水浒，至于岐下。爰及姜女，聿来胥宇。"

疑殷商时多行国，故择地而迁，行所无事。而诸书言古公避狄，其言至有理想。

《通鉴外纪》："薰育狄人来攻，古公事之以皮币、犬马、珠玉、菽粟、财货，不得免焉，狄人又欲土地。古公曰：'与之。'耆老曰：'君不为社稷乎？'古公曰：'社稷所以为民也，不可以所谓亡民也。'耆老曰：'君不为宗庙乎？'公曰：'宗庙吾私也，不可以私害民。夫有民立君，将以利之。与人之兄居而杀其弟，与人之父居而杀其子，以其所养，害所养，吾不忍也。民之在我与在彼，为吾臣与狄人臣，奚以异哉？二三子何患乎无君？'杖策而去，率其私属，出豳，渡漆沮，逾梁山，邑于岐山之阳，始改国曰周。豳人曰：'仁人之君，不可失也。'举国扶老携弱从之者二千乘，一止而成三千户之邑。旁国闻其仁，亦多归之。古公乃贬戎狄之俗，营筑城郭室屋而邑别居之。作五官，有司，民皆歌乐颂其德。"

以之较今之持国家主义，杀人流血无所不至者，相去远矣。

殷商之世，教育发达，其人才多聚于周，而周遂勃兴（此如西汉之季王莽兴学，而其人才为东汉之用之例。盖殷商、新汉，皆帝王家族之分别，而一国之人不限于一时代也）。观《周书》《史记》之言，周实多得商之人才。

《君奭》："惟文王尚克修和我有夏，亦惟有若虢叔，有若闳夭，有若散宜生，有若泰颠，有若南宫括。""武王惟兹四人，尚迪有禄。"

《史记·周本纪》："文王礼下贤者，日中不暇食以待士，士以此多归之。伯夷、叔齐、太颠、闳夭、散宜生、鬻子、辛甲大夫之徒，皆往归之。"

下至陶冶柯匠之徒，亦为所用。

《逸周书·文酌》："十二来：一弓，二矢、归射，三轮，四舆、归御，五鲍，六鱼、归蓄，七陶，八冶、归灶，九柯，十匠、归林，十一竹，十二苇、归时。"

故周之士夫、野人，咸有才德。

《诗·棫朴》："奉璋峨峨，髦士攸宜。"

《诗·兔罝》："肃肃兔罝，椓之丁丁。赳赳武夫，公侯干城。"

诗人但美归于文王后妃之化，尚未推见其远源也。且殷、周之际，不独男子多受教育，即女子亦多受教育者。如周之三母：

《列女传》："周室三母者，太姜、太任、太姒。太姜者，王季之母，有台氏之女。太王娶以为妃，贞训率导，靡有过失。太王谋事迁徙，必与太姜。君子谓太姜广于德教。太任者，文王之母，挚任氏中女也。王季娶为妃。太任之性，端一诚庄，惟德之行。及其有娠，目不视恶色，耳不听淫声，口不出敖言，能以胎教。溲于豕牢而生文王。王生而明圣，太任教之，以一而识百。太姒者，武王之母，禹后有莘姒氏之女。仁而明道，文王嘉之，亲迎于渭，造舟为梁。及入太姒，思媚太姜、太任，旦夕勤劳，以进妇道。太姒号曰文母。文王治外，文母治内，教诲十子，自少及长，未尝见邪辟之事。及其长，文王继而教之，卒成武王、周公之德。”

《史记·周本纪》：“太姜生少子季历，季历娶太任，皆贤妇人。”

当皆受殷之侯国之教育，非受教于周者也。周之妇女，被后妃之化，亦能赋诗守礼。其时女子教育之盛可知。

《诗·汝坟》：“遵彼汝坟，伐其条枚。未见君子，惄如调饥。遵彼汝坟，伐其条肄。既见君子，不我遐弃。鲂鱼赪尾，王室如毁。虽则如毁，父母孔迩。”（《小序》：“汝坟，道化行也。文王之化，行乎汝坟之国，妇人能闵其君子，犹勉之以正也。”）

《诗·行露》：“厌浥行露，岂不夙夜？谓行多露。谁谓雀无角？何以穿我屋？谁谓女无家？何以速我狱？虽速我狱，室家不足。谁谓鼠无牙？何以穿我墉？谁谓女无家？何以速我讼？虽速我讼，亦不女从。”（《小序》：“行露，召伯听讼也。衰乱之俗微，贞信之教兴，强暴之男，不能侵陵贞女也。”）

《列女传》：“《周南》之妻者，周南大夫之妻也。大夫受命平治水土，过时不来，妻恐其懈于王事，乃作诗曰：‘鲂鱼赪尾，王室如毁，父母孔迩。’盖不得已也。”“《召南》申女者，申人之女也。既许嫁于酆，夫家礼不备而欲迎之。女与其人言，以为夫妇者，人伦之始也，不可以不正。夫家轻礼达欲，不可以行，遂不肯往。夫家讼之于理，致之于狱。女终以一物不具，一礼不备，守节持义，必死不往，而作诗曰：‘虽速我狱，室家不足。’言夫家之礼不备作也。”（按二《南》

之诗，多言妇人女子之事。然不知其为女子自作，抑男子为女子而作？此二诗，则《毛诗》《鲁诗》皆以为女子自作，故引以证其时妇女能文。）

男女贵贱皆有才德，故其国俗丕变，虞、芮质成，相形而有惭色。

《诗·绵》："虞、芮质厥成，文王蹶厥生。"《毛传》："虞、芮之君，相与争田，久而不平。乃相谓曰：'西伯仁人也，盍往质焉？'乃相与朝周。入其境，则耕者让畔，行者让路；入其邑，男女异路，班白不提挈；入其朝，士让为大夫，大夫让为卿。二国之君感而相谓曰：'我等小人不可履君子之庭。'乃相让以其所争田而退。天下闻之而归者四十余国。"

此周室代商最大之原因。故知虽君主时代，亦非徒恃一二圣君贤相，即能崛起而日昌也。

虽然周之兴固有民德之盛，而文王、周公继世有才德，亦其主因之一。文王之德见于《书》者如：

《书·康诰》："文王克明德慎罚，不敢侮鳏寡，庸庸、祗祗、威威、显民。"

《书·无逸》："文王卑服，即康功田功。徽柔懿恭，怀保小民，惠鲜鳏寡。自朝至于日中昃，不遑暇食，用咸和万民。文王不敢盘于游田，以庶邦惟正之供。"

见于《诗》者如：

《诗·文王》："穆穆文王，于缉熙敬止。"

《诗·大明》："维此文王，小心翼翼。昭事上帝，聿怀多福。厥德不回，以受方国。"

皆可见其人立身处事，处处敬慎之状。周公之性质，殆最似文王，其戒成王、康叔、召公及殷之士民，无在不含有戒慎恐惧之意。合观《诗》《书》诸文，其原因盖有三端：

一则唐、虞以来相传之道德，皆以敬慎为主。如《皋陶谟》称"慎厥身修，兢兢业业"，《商颂》称"温恭朝夕，圣敬日跻"之类，皆从收敛抑制立论。似吾国国民性，自来以此为尚，与西人之崇尚自由发展者正相反对。文王、周公受累世之教育，秉国民之同性，故其言行若此。

一则历史事迹多可鉴戒，陈古刺今，时时危悚。如《召诰》曰："我不可不监于有夏，亦不可不监于有殷。我不敢知曰：有夏服天命，惟有历年。我不敢知曰：不其延，惟不敬厥德，乃早坠厥命。我不敢知曰：有殷受天命，惟有历年。我不敢知曰：不其延，惟不敬厥德，乃早坠厥命。"《诗·荡》曰"殷鉴不远，在夏后之世"之类，皆以前人之不德，为后人之鉴戒。故文王、周公之敬慎，即夏殷末造之君臣放恣纵肆之反感也。

一则自古以来寅畏天命，常以戒慎恐惧为事天引年之法。如《商颂》称"上帝是祗，帝命式于九围""天命降监，下民有严"之类，是商人之心理也。文王、周公承受此说，益以天命不常为惧。故昭事上帝必矢之以小心。后世儒家、道家、墨家畏天、法天、事天之说，皆本于此。周之《书》《诗》言天、言上帝者，指不胜屈，其渊源甚远，并非后世儒者假称天命以恐吓帝王，盖自古相承之说。君相之贤者，时时以此自励自戒也。综观《诗》《书》之文，虽似含有宗教之意，而以天为勉励道德之用，非以天为惑世愚民之用，亦与宗教有别。

文王、周公之学，以《易》之卦爻为最邃。

《史记·周本纪》："西伯盖即位五十年。其囚羑里，盖益《易》之八卦为六十四卦。"

《周易正义》："文王作卦辞，周公作爻辞。"

盖伏羲画卦之后，累世相传，有占卜之书。至文王时，乃演其辞，而名为《易》。

《系辞》："《易》之兴也，其当殷之末世，周之盛德耶？当文王与纣之事耶？"

《周礼》："太卜掌三《易》：一曰《连山》，二曰《归藏》，三曰《周易》。"

易，一名而含三义。

郑玄《易赞》："易，一名而含三义。易简，一也；变易，二也；不易，三也。"

有圣人之道四，不专为卜筮之用。

《系辞》："易，有圣人之道四焉，以言者尚其辞，以动者尚其变，以制器者尚其象，以卜筮者尚其占。"

故为吾国哲学书之首。夫以哲学家主持国政，是实吾国之特色也。

《中国哲学史》（谢无量）："希腊柏拉图著《新共和国》，谓当以哲学者宰制天下而出政教。盖仅出于想望，非谓必可见诸实事也。独吾国自羲、农以来以至尧、舜，皆以一世之大哲，出任元首。故在中国历史中，为治化最隆之世，后世靡得而几焉。"（按伏羲仅画卦象，无文字。尧、舜仅修道德，亦无著作。以哲学家宰制天下者，惟文王、周公耳。）

周公自称多材多艺。

《书·金縢》："予仁若考，能多材多艺。"

《尚书大传·康诰》称其"制礼作乐"。

《尚书大传》："周公居摄三年，制礼作乐。……周公将作礼乐，优游之三年不能作。君子耻其言而不见从，耻其行而不见随。将大作，恐天下莫我知也。将小作，恐不能扬父祖功业德泽。然后营洛，以观天下之心。于是四方诸侯率其群党，各攻位于其庭。周公曰：'示之以力役且犹至，况导之以礼乐乎？'然后敢作礼乐。《书》曰：'作新大邑于东国雒，四方民大和会。’此之谓也。”

其于《诗》，有《七月》《鸱鸮》《常棣》《时迈》诸篇。

《诗•小序》：“《七月》，陈王业也。周公遭变故，陈后稷先公风化之所由致，王业之艰难也。”“《鸱鸮》，周公救乱也。成王未知周公之志，乃作诗以贻王，名之曰《鸱鸮》焉。”

《国语•周语》：“周文公之颂曰：‘载戢干戈，载櫜弓矢。’”“周文公之诗曰：‘兄弟阋于墙，外御其侮。’”据此，是《常棣》《时迈》二诗，为周公之作，以《时迈》为周文公之颂。度《周颂》诸篇多出于周公，特无质言之者耳。

他若《春秋》凡例，

《春秋左传序》（杜预）：“其发凡以言例，皆经国之常制，周公之垂法，史书之旧章。”《正义》言：“发凡五十，皆是周公旧法。”

《尔雅•释诂》，

《西京杂记》（刘歆）：“孔子教鲁哀公学《尔雅》。《尔雅》之出远矣，旧传学者皆云周公所记也。”

《进广雅表》（张揖）：“昔在周公，缵述唐、虞，宗翼文、武，克定四海，勤相成王，六年制礼，以导天下，著《尔雅》一篇。”

《释文》（陆德明）：“《释诂》一篇，盖周公所作。”

其著作之多，前此所未有也。

三教改易，至周而尚文。盖文王、周公皆尚文德，故周之治以文为主，其礼乐制度具详后篇。兹先述尚文之意。周之伐商，既大用武力，

《史记·周本纪》：“武王至于商郊……誓已，诸侯兵会者车四千乘……纣闻武王来，亦发兵七十万人距武王。”

《逸周书·克殷篇》：“周车三百五十乘，陈于牧野。王既誓，以虎贲戎车驰商师，商师大崩。”

又伐诸国，征四方。

《逸周书·世俘篇》称吕他命伐越、戏方，侯来命伐靡集于陈，百弇命伐卫，陈本命伐磨，百韦命伐宣方，新荒命伐蜀，百韦命伐厉。又称武王遂征四方，凡憝国九十有九国，馘磿亿有十万七千七百七十有九，俘人三亿万有二百三十，凡服国六百五十有二。

周非不尚武也，比天下大定，始以觌文匿武为大政方针。

《国语·周语》：“祭公谋父谏曰：‘不可。先生耀德不观兵。夫兵戢而时动，动则威，观则玩，玩则无震。……先王

之于民也，懋正其德而厚其性，阜其财求而利其器用，明利害之乡，以文修之，使务利而避害，怀德而畏威，故能保世以兹大。’”“仓葛曰：‘武不可觌，文不可匿，觌武无烈，匿文不昭。’”

其文教以礼乐为最重。《乐记》述其命意，略可推见当时之政术：

《乐记》：“济河而西，马散之华山之阳而弗复乘；牛散之桃林之野而弗复服；车甲衅而藏之府库而弗复用。倒载干戈，包之以虎皮。将帅之士，使为诸侯，名之曰‘建櫜’。然后，天下知武王之不复用兵也。散军而郊射，左射狸首，右射驺虞，而贯革之射息也；裨冕搢笏，而虎贲之士说剑也。祀乎明堂而民知孝。朝觐，然后诸侯知所以臣。耕藉，然后诸侯知所以敬。五者，天下之大教也。食三老五更于太学，天子袒而割牲，执酱而馈，执爵而酳，冕而总干，所以教诸侯之弟也。”

夫“倒载干戈”“衅藏车甲”，似乎弭兵止戈矣，然“散军郊射”“冕而总干”，仍以武事寓于文事之中。盖明示人以右文，而阴教人以习武，即所谓觌文而匿武也。周公教成王立政，以“诘尔戎兵”为言：

《立政》：“其克诘尔戎兵，以陟禹之迹，方行天下，至于海表，罔有不服。以觐文王之耿光，以扬武王之大烈。”

而巡守告祭之《颂》，则称“戢干戈，櫜弓矢”。

《诗·时迈》："载戢干戈，载櫜弓矢。我求懿德，肆于时夏。允王保之。"《小序·时迈》："巡守告祭柴望也。"

其心盖深知武备国防之不可废。而开国之初，提倡尚武主义，则强藩列辟，日日称戈，其祸将不可止。不得已而为折衷之法，务以文化戢天下人之野心，其旨深矣！

第十九章　周之礼制

周之文化，以礼为渊海，集前古之大成，开后来之政教。其著于典籍者，虽经秦火，所存犹夥。《汉书·艺文志》具存其目：

《礼古经》五十六卷，《经》十七篇，《周官经》六篇。

后世以十七篇之《经》为《仪礼》，六篇之《周官经》为《周礼》。

《汉纪》（荀悦）："刘歆奏请《周官》六篇列之于《经》，为《周礼》。"

《经典释文序录》（陆德明）："刘歆建立《周官经》，以为《周礼》。"

《晋书·荀崧传》："崧上疏，请置郑《仪礼》博士一人。"

其《古经》五十六卷，自十七篇外，谓之《逸礼》。

《礼记正义》（孔颖达）："郑云：《逸礼》者，《汉书·艺文志》云，汉始于鲁淹中得古《礼》五十七篇，其十七篇与今《仪礼》正同，其余四十篇，藏在秘府，谓之《逸礼》，其《投壶礼》亦此类也。”

而《周官》复亡一篇。

《经典释文序录》：“河间献王开献书之路，时有李氏上《周官》五篇，失《事官》一篇，乃购千金不得，取《考工记》以补之。”

治周史者得《周官》五篇、《礼经》十七篇及汉世大小戴所传之《逸经古记》，可以推见有周礼制，讨论其国家社会组织之法，与掇拾夏、商典制，仅能仿象于万一者，迥乎不同矣。虽然，此诸书者，自汉代流传至于今日，固为至可宝贵之史料，而其书为何时何人之作，则异说殊多。或谓《礼经》《周官》皆周公所作。

《仪礼疏序》（贾公彦）：“《周礼》《仪礼》发源是一，理有终始，分为二部。并是周公摄政太平之书。”

《序周礼废兴》：“《周官》孝武之时始出，秘而不传。既出于山岩屋壁，复入于秘府。五家之儒，莫得见焉。至孝成皇帝，达才通人刘向子歆校理秘书，始得列序，著于《录》《略》。时众儒并出，共排以为非是，惟歆独识，知周公致太平之迹，具在于斯。”

或谓《仪礼》为孔子所作。

《三礼通论》（皮锡瑞）："《周礼》《仪礼》，说者以为并出周公。案以《周礼》为周公作，固非，以《仪礼》为周公作，亦未是也。《礼》十七篇，盖孔子所定。《杂记》云：'恤由之丧，哀公使孺悲之孔子学士丧礼，《士丧礼》于是乎书。'据此，则《士丧》出于孔子，其余篇亦出于孔子可知。"

或谓《周官》为末世渎乱不验之书，及六国阴谋之书。

《序周礼废兴》（贾公彦）："林孝存以为武帝知《周官》末世渎乱不验之书，故作《十论》《七难》以排弃之。何休亦以为六国阴谋之书，唯有郑玄遍览群经，知《周礼》者，乃周公致太平之迹，故能答林硕之论难，使《周礼》义得条通。"

故近人以《仪礼》为儒家所创，谓之为种种怪现状，种种极琐细的仪文。而《周礼》之为伪书，更不措意。按礼非制于孔子，章炳麟驳皮氏书具言之。

《孔子制礼驳议》："《礼》五十六篇，皆周公旧制。《记》言'哀公使孺悲之孔子学士丧礼，《士丧礼》于是乎书'者，谓旧礼崩坏，自此复著竹帛。故言书，不言作。《丧服》礼兼上下，又非士丧之篇，文不相涉。《礼记·檀弓》曰：'鲁人有朝祥而暮歌者，子路笑之。'夫子曰：'三年之丧，亦以久矣夫！'言其久不行也。若自孔子始作者，当云三年之丧，创法自我，不可以责未闻者，何乃言久不行耶？《檀弓》又曰：'衰，与其不当物也，宁无衰。'然则自斩衰三升，下至缌麻十五升抽其半，其为精粗异度，繁碎亦甚矣。独有制礼自上，民胥效法，故织纴之家，素备其式。假自孔子制之者，纵令遍行鲁国，自適士以至府史，胤族犹当万数，仓卒制之，何由得布？若不自置邸店，亲课女红，布缕既不中程，则衰无以当物，唐为文具，将安设施？此则自卫反鲁，五年之中，专为缝人贾贩，犹惧不给，固无删述《六经》之暇矣。又若制礼昉于孔氏，冠、昏、朝聘以及祭享，其事犹多，哀公不以问孔子，独问士丧，孔子又本不作《士丧礼》，待哀公问然后发之。君则失偏，臣则失缺，其违于事情远矣。即若是者，《礼记·曾子问》篇，孔子自说从老聃受《礼》，宁知今之《礼经》非老聃制之耶？墨子《节葬》《非儒》，以是专责儒者，此由丧礼废缺，独儒者犹依其法，故名实专归之。古者刑书本无短丧之罚，故得人人自便，弗可禁止，非直晚周也。汉世晁错、翟进为三公，遭丧犹不去官，若以周公时未有丧制，故晚周无三年服，汉世士礼既行，何以持服者寡乎？见晚周无持斋斩者，即云丧礼自孔子制，见汉世无持斋斩者，复可云丧礼自二戴制之邪？”

其仪文度数之中所寓之精义，则《戴记》《冠》《婚》《丧》《祭》诸义发挥最为透辟。其坊民淑世，非若希腊教偷、罗马斗兽之野蛮也。今世纵不能行其法，不当文致为儒家之过而诋毁之。观韩愈之论则知所折衷矣。

《读仪礼》（韩愈）：“余尝苦《仪礼》难读，又其行于今者盖寡，沿袭不同，复之无由，考于今，诚无所用之。然文王、周公之法制粗在于是。孔子曰吾从周，谓其文章之盛也。

古书之存者希矣，百氏杂家，尚有可取，况圣人之制度耶？”

《周礼》之制度多与他书不同，故攻击者尤众。然前人之攻击之者，亦多认为周制。

> 《周礼问》（毛奇龄）：“《周礼》一书出自战国，断断非周公所作，予岂不晓？然周制全亡，所赖以略见大意，只此《周礼》《仪礼》《礼记》三经。以其所见者虽不无参臆，而其为周制则尚居十七。此在有心古学，方护卫不暇，而欲迸绝之，则饩羊尽亡矣。”
>
> 《礼经通论》（皮锡瑞）：“孔子谓殷因夏礼，周因殷礼，皆有损益。《乐记》云：三王异世，不相袭礼。是一代之制度，不必尽袭前代。改制度，易服色，殊徽号，礼有明征。非特后代之兴必变易前代也，即一代之制度，亦历久而必变。周享国最久，必无历八百年而制度全无变易者。三《礼》所载，皆周礼也。《礼经》十七篇为孔子所定，其余盖出孔子之后，学者各记所闻。而亦必当时实有此制度，非能凭空撰造。”

以其非有来历断不能冥思臆造，创为此等宏纲细目之书也。周、秦、西汉著书者多矣，孔、孟、管、墨、商君、荀卿以及董仲舒、刘歆辈，皆有意于创立法制。今其书之存者，或第言立法之意，或粗举治国之方，无一书能包举天下万事万物，一一为之区分条理，而又贯串联络秩然不紊如《周官》者。后世之《六典》《会典》等，以有《周官》为之模范，故易于着手，然犹不能及其精微。学者试思为《周官》者，当具何等经验、思想、学力，而后能成此书乎？

古今中外政治家、哲学家著书立说，大都徒托空言，不能见之于实行。然学者称举其说，犹许其代表一时代之文化。故《周官》之说即令未尝实行，仅属于一个人之理想，然此一个人之理想产生于此时代，已足令人惊诧，矧其官守法意，降至春秋、战国，犹多遗迹可寻乎！汪中作《周官征文》，以《逸周书》穆王作《职方》为证：

> 《述学·周官征文》："或曰：《周官》，周公所定。而言穆王作《职方》何也？曰：赋诗之义，有造篇，有述古，夫作亦犹是也。召穆公纠合宗族于成周，而作《常棣》之诗，则述古亦谓之作。详《职方》《大司乐》二条，知《周官》之文各官皆分载其一，以为官法。故每职之下，皆系曰掌。而太宰建之，以为《六典》，则合为一书。穆王作之，特申其告诫，俾举其职尔。"

则此书实成、康、昭、穆以来王官世守之旧典，以之言西周之文化，固非托古改制之比也。

《仪礼》十七篇所言者为冠、婚、丧、祭、射、乡、朝、聘八目。《周官》则经纬万端。兹择其要者，以次列举于后。

第一节 国土之区画

国土之区画，分以下四种：

（一）九州。九州之区画，自古已然。而周之区画，兼研究其民物之事利，其调查统计盖较《禹贡》为详。

> 《周官·职方氏》："东南曰扬州，其山镇曰会稽，其泽薮曰具区，其川三江，其浸五湖，其利金、锡、竹、箭，其民二男五女，其畜宜鸟兽，其谷宜稻。正南曰荆州，其山镇曰衡山，其泽薮曰云梦，其川江、汉，其浸颍、湛，其利丹、银、齿、革，其民一男二女，其畜宜鸟兽，其谷宜稻。河南曰豫州，其山镇曰华山，其泽薮曰圃田，其川荧、洛，其浸波、溠，其利林、漆、丝、枲，其民二男三女，其畜宜六扰，其谷宜五种。正东曰青州，其山镇曰沂山，其泽薮曰望诸，其川淮、泗，其浸沂、沭，其利蒲鱼，其民二男三女，其畜宜鸡狗，其谷宜稻麦。河东曰兖州，其山镇曰岱山，其泽薮曰大野，其川河、泲，其浸庐、维，其利蒲鱼，其民二男三女，其畜宜六扰，其谷宜四种。正西曰雍州，其山镇曰岳山，其泽薮曰弦蒲，其川泾、汭，其浸渭、洛，其利玉石，其民三男二女，其畜宜牛马，其谷宜黍稷。东北曰幽州，其山镇曰医无闾，其泽薮曰貕养，其川河、泲，其浸菑、时，其利鱼、盐，其民一男三女，其畜宜四扰，其谷宜三种。河内曰冀州，其山镇曰霍山，其泽薮曰扬纡，其川漳，其浸汾、潞，其利松柏，其民五男三女，其畜宜牛羊，其谷宜黍稷。正北曰并州，其山镇曰恒山，其泽薮曰昭余祁，其川呼池、呕夷，其浸涞、易，其利布帛，其民二男二女，其畜宜五扰，其谷宜五种。"

《禹贡》专言贡物，犹专为王侯立法，《职方》注重民利，则周代重民之证也。

（二）畿服。畿服之制亦沿于古，惟商时犹仅五服，至周而斥大之，为九畿，亦曰九服。

《周官·大司马》：“乃以九畿之籍，施邦国之政职，方千里曰国畿，其外方五百里曰侯畿，又其外方五百里曰甸畿，又其外方五百里曰男畿，又其外方五百里曰采畿，又其外方五百里曰卫畿，又其外方五百里曰蛮畿，又其外方五百里曰夷畿，又其外方五百里曰镇畿，又其外方五百里曰蕃畿。”

《职方氏》：“乃辨九服之邦国，方千里曰王畿，其外方五百里曰侯服，又其外方五百里曰甸服，又其外方五百里曰男服，又其外方五百里曰采服，又其外方五百里曰卫服，又其外方五百里曰蛮服，又其外方五百里曰夷服，又其外方五百里曰镇服，又其外方五百里曰藩服。”

其地之广袤参考刘师培《古代要服建国考》、章炳麟《封建考》，可得其概。

（三）封国。周之封国，为说经家聚讼之要点。然其国境，大者不过后世之一府，小者乃等于州县，无足异也。

《周官·大司徒》：“凡建邦国，以土圭土其地而制其域。诸公之地，封疆方五百里，其食者半。诸侯之地，封疆方四百里，其食者参之一。诸伯之地，封疆方三百里，其食者参之一。诸子之地，封疆方二百里，其食者四之一。诸男之地，封疆方百里，其食者四之一。”

《职方氏》：“凡邦国，千里封公，以方五百里则四公，方四百里则六侯，方三百里则七伯，方二百里则二十五子，方百里则百男，以周知天下。凡邦国小大相维。”

（四）王畿之区画。王畿方千里，四面各五百里，节次分之，其名甚多。

《周官•载师》：“以廛里任国中之地，以场圃任园地，以宅田、士田、贾田任近郊之地，以官田、牛田、赏田、牧田任远郊之地，以公邑之田任甸地，以家邑之田任稍地，以小都之田任县地，以大都之田任疆地。”郑《注》：“五十里为近郊，百里为远郊。”贾《疏》：“自百里以至邦国，分为五等：二百里曰甸，三百里曰稍，四百里曰县，五百里曰都，畿外邦国。”

郊有六乡，甸有六遂，其制详后。

《周官》一书，虽不过官制、官规之性质，然六官之开端，皆以治地为言。

《周官•天官冢宰》：“惟王建国，辨方正位，体国经野，设官分职，以为民极。”（按《地官》《春官》《夏官》《秋官》皆同）贾《疏》：“六官皆有此叙者，欲见六官所主虽异，以为民极是同故也。”

故观《周官》，可知其时所最重者，实惟辨方正位，体国经野之事。右列之区画，散见于诸官者，似徒为此繁复之名数，而无益于政治。然观其对于版图、测量、土壤、民物一一经画研究，则知周之治地，非徒注意于名数而已也。周之版图，大别有三：

（一）总图。其图盖具全国之形势，兼注明其民族物产者，虽其文未言图中符号比例若何，然其有比例符号殆无可疑。如：

《周官·大司徒》："掌建邦之土地之图与其人民之数，以佐王安扰邦国。以天下土地之图，周知九州之地域广轮之数，辨其山林、川泽、丘陵、坟衍、原隰之名物。"

《土训》："掌道地图，以诏地事。道地慝，以辨地物，而原其生，以诏地求。"

《司险》："掌九州之图，以周知其山林、川泽之阻，而达其道路。"

《职方氏》："掌天下之图，以掌天下之地，辨其邦国、都鄙、四夷、八蛮、七闽、九貉、五戎、六狄之人民，与其财用、九谷、六畜之数要，周知其利害。"

《司书》："掌邦中之版，土地之图，以周知出入百物，以叙其财。"

其图有广轮之数，且有九谷、六畜之数，则不但有比例，兼似附有物产统计表矣。周之官吏据此等图表，以经画天下，其非空言可知。

（二）分图。其图殆如今之一县一乡之图，可据以决狱讼，且可以定各地之形体，视总图尤有实用。如：

《周官·小宰》："以官府之八成经邦治……三曰听闾里

以版图。”

《小司徒》：“凡民讼，以地比正之。地讼，以图正之。”

《遂人》：“掌邦之野，以土地之图经田野，造县鄙形体之法。”

县鄙形体，据图以造，则其规画非徒理想，而必按照各地毗连之形势审慎出之，又可知矣。

（三）专图。其图各以一事一地为之，不涉他地他事。如：

《周官·冢人》：“掌公墓之地，辨其兆域，而为之图。”

《墓大夫》：“掌凡邦墓之地域，为之图。”

《卝人》：“掌金玉锡石之地……若以时取之，则物其地图而授之。”

据此，知周代官府地图之多，地治之精密，实基于此。然徒观地图，无以知地之方位气象，则测量尤绘图之先之所重矣。周之诸官掌测量者，如：

《周官·大司徒》：“以土圭之法测土深，正日景，以求地中。日南，则景短，多暑。日北，则景长，多寒。日东，则景夕，多风。日西，则景朝，多阴。”

《土方氏》：“掌土圭之法以致日景，以土地相宅而建邦国都鄙，以辨土宜土化之法，而授任地者。”

其法可与《考工记》参观，

《考工记》："匠人建国，水地以县，置槷以县，视以景。为规识日出之景与日入之景，昼参诸日中之景，夜考之极星，以正朝夕。"

朝夕测日，夜则测星，既辨方位，兼审土宜。其建邦国都鄙之慎重若此，于地事似已尽心为之矣。然司徒犹有土会、土宜、土均之法，正不止土圭一法也。

《周官·大司徒》："以土会之法，辨五地之物生。一曰山林，其动物宜毛物，其植物宜皂物，其民毛而方。二曰川泽，其动物宜鳞物，其植物宜膏物，其民黑而津。三曰丘陵，其动物宜羽物，其植物宜核物，其民专而长。四曰坟衍，其动物宜介物，其植物宜荚物，其民皙而瘠。五曰原隰，其动物宜裸物，其植物宜丛物，其民丰肉而庳。""以土宜之法辨十有二土之名物，以相民宅，而知其利害，以阜人民，以蕃鸟兽，以毓草木，以任土事。辨十有二壤之物而知其种，以教稼穑树艺。""以土均之法辨五物九等，制天下之地征，以作民职，以令地贡，以敛财赋，以均齐天下之政。"

分析土壤，剖辨物种，而民生国政于是乎定。盖人民犹建筑物，土地则其基址，基址未能辨别，建筑物无从著手。周之施政，注重地治，其条理精密若此，此固前古所无，抑亦汉、唐迄今所未能逮也。世人谓吾国研究地学，始于裴秀、贾耽等人，然观晋、唐诸史之言，其于《周官》之制殆不过万分之一。故吾图文明，在周实已达最高之度，嗣又渐降而渐进，至今，则古制澌灭殆尽，而后群诧域外之文明。试即周代治地诸法思之，得谓其时无此事实，而一人撰造伪书，乃能穿穴诸官，使一一相应若此耶？

第二节 官吏之职掌

国家社会未达无治主义之时代，行政官吏在所必设。设之，则必有阶级等差，此天下万国所同也。吾国历代官制虽时有变迁，而其源大都出于《周官》，故周之设官分职，亦为治史者所必措意。周之官吏，分朝命及辟除二途。

《周官·大宗伯》："以九仪之命，正邦国之位。壹命受职，再命受服，三命受位，四命受器，五命赐则，六命赐官，七命赐国，八命作牧，九命作伯。"

大抵自一命为正吏，至六命赐官，为卿、中大夫、下大夫、上士、中士、下士六等。六命之上则诸侯之等级，其辟除或给徭役者，曰府、曰史、曰胥、曰徒。

《周官·小宰》："宰夫掌百官府之征令……五曰府，掌官契以治藏。六曰史，掌官书以赞治。七曰胥，掌官叙以治叙。八曰徒，掌官令以征令。"

《天官》郑《注》："府，治藏；史，掌书者。凡府、史皆其官长所自辟除，胥、徒皆民给徭役者。胥有才知，为什长。”

官制之大纲分为六属。

《周官·小宰》“以官府之六属，举邦治。一曰天官，其属六十，掌邦治，大事则从其长，小事则专达。二曰地官，其属六十，掌邦教，大事则从其长，小事则专达。三曰春官，其属六十，掌邦礼，大事则从其长，小事则专达。四曰夏官，其属六十，掌邦政，大事则从其长，小事则专达。五曰秋官，其属六十，掌邦刑，大事则从其长，小事则专达。六曰冬官，其属六十，掌邦事，大事则从其长，小事则专达。”“以官府之六职辨邦治。一曰治职，以平邦国，以均万民，以节财用。二曰教职，以安邦国，以宁万民，以怀宾客。三曰礼职，以和邦国，以谐万民，以事鬼神。四曰政职，以服邦国，以正万民，以聚百物。五曰刑职，以诘邦国，以纠万民，以除盗贼。六曰事职，以富邦国，以养万民，以生百物。”

其官数凡五六万人。

《通典》（杜佑）：“周内官二千六百四十三人，外诸侯国内六万一千三十二人。”

《周官·禄田考》（沈彤）：“六官凡五万九千三百余人。”

其治之咸以典法。

《周官·太宰》："太宰之职，掌建邦之六典，以佐王治邦国。一曰治典，以经邦国，以治官府，以纪万民。二曰教典，以安邦国，以教官府，以扰万民。三曰礼典，以和邦国，以统百官，以谐万民。四曰政典，以平邦国，以正百官，以均万民。五曰刑典，以诘邦国，以刑百官，以纠万民。六曰事典，以富邦国，以任百官，以生万民。""以八法治官府。一曰官属，以举邦治。二曰官职，以辨邦治。三曰官联，以会官治。四曰官常，以听官治。五曰官成，以经邦治。六曰官法，以正邦治。七曰官刑，以纠邦治。八曰官计，以弊邦治。""以八则治都鄙。一曰祭祀，以驭其神。二曰法则，以驭其官。三曰废置，以驭其吏。四曰禄位，以驭其士。五曰赋贡，以驭其用。六曰礼俗，以驭其民。七曰刑赏，以驭其威。八曰田役，以驭其众。"

典法施于太宰，而掌之者复有诸官。

《周官·太宰》称正月之吉，乃施典于邦国，施则于都鄙，施法于官府。

《小宰》："掌邦之六典、八法、八则之贰。以逆邦国都鄙官府之治。"

《司会》："掌邦之六典、八法、八则之贰，以逆邦国都鄙官府之治。"

《小宰》："正岁帅治官之属，而观治象之法，徇以木铎曰：不用法者，国有常刑。"

《司书》："掌邦之六典、八法、八则。"

《太史》："掌邦之六典，以逆邦国之治。掌法，以逆官府之治。掌则，以逆都鄙之治。凡辨法者考焉，不信者刑之。”

《内史》：“执国法及国令之贰，以考政事，以逆会计。”

《御史》：“掌邦国都鄙及万民之治令，以赞冢宰，凡治者受法令焉。”

《匡人》：“掌达法则，匡邦国。”

《大行人》：“十有一岁修法则。”

据此，则《周官》所载特其大纲，而所谓典法者，必更有详密之条文，正者存于太宰，贰者散在诸官。其有不信，则考诸太史，非一二人所能以意为出入高下也。诸法之中，不可殚举，第就官联一法观之，即可知其立法之精密。

《周官·小宰》：“以官府之六联，合邦治：一曰祭祀之联事，二曰宾客之联事，三曰丧荒之联事，四曰军旅之联事，五曰田役之联事，六曰敛弛之联事。凡小事皆有联。”

《周礼订义》（宋王与之）：“王昭禹曰：古者军将皆命卿，而师、旅、卒、长之属，皆下大夫、士掌其事。大司徒、大军旅以旗致万民，治其徒庶之政命。……小司徒会万民之卒伍，而亦帅其众庶。乡师、大军旅正治其徒役，与其辇辇。大司马及战，巡陈视事而赏罚，若此类皆军旅之联事。……太宰掌九贡、九赋，而大府、司会、司书之类亦掌之，所谓敛也。乡大夫国中贵者之类皆舍征，而小司徒凡征役之施舍亦掌之，所谓弛也。凡此类皆敛弛之联事。……非祭祀、宾客、丧荒、军旅、田役、敛弛六者之大事，余皆小事也。若膳夫之官有庖人、亨人、内外饔之类，通职联事，司关掌国货之节，以联门市，皆小事也。”

于组织之中寓互助之意，既以泯其畛域，且使互相监视，不使一机关独断一事，而遂其营私舞弊之谋。此研究法治者所最宜留意者也。

周之官府最重会计。

《周官·小宰》：“以官府之八成，经邦治：一曰听政役以比居，二曰听师田以简稽，三曰听闾里以版图，四曰听称责以傅别，五曰听禄位以礼命，六曰听取予以书契，七曰听买卖以质剂，八曰听出入以要会。以听官府之六计，弊群吏之治。一曰廉善，二曰廉能，三曰廉敬，四曰廉正，五曰廉法，六曰廉辨。……月终，则以官府之叙，受群吏之要，赞冢宰，受岁会。岁终，则令群吏致事。”

《宰夫》：“岁终，则令群吏正岁会。月终，则令正月要。旬终，则令正日成，而以考其治。治不以时举者，以告而诛之。”

《司会》：“掌国之官府郊野县都之百物财用，凡在书契、版图者之贰，以逆群吏之治，而听其会计，以参互考日成，以月要考月成，以岁会考岁成，以周知四国之治，以诏王及冢宰废置。”

《职内》：“掌邦之赋入，辨其财用之物，而执其总，以贰官府都鄙之财入之数，以逆邦国之赋用。凡受财者，受其贰令而书之。及会，以逆职岁，与官府财用之出，而叙其财，以待邦之移用。”

《职岁》：“掌邦之赋出，以贰官府都鄙之财出赐之数，以待会计而考之。凡官府都鄙群吏之出财用，受式法于职岁，凡上之赐予，以叙与职币授之。及会，以式法赞逆会。”

日有成，月有要，岁有会，三岁又有大计。

《周官·司书》：“三岁则大计群吏之治。”

其出入皆有式法，四国之治无不周知。故官吏皆知尚廉而畏法，非若今之武人、外吏横揽财权，中央莫敢谁何，一任其贪黩恣肆，而惟恃借债以填其欲壑也。

第三节 乡遂之自治

《周官》之精义，莫邃于乡遂之制。乡遂者，直隶于天子而行自治之制之区域也。王城为中央政府，王城之外郊甸之地，即自治之地方。此外则为公邑家邑，小都大都，又其外则诸侯之国。故周代政治为诸侯之模范者，惟乡遂二区。以乡遂例天下，则天下之大，咸可以乡遂之法施之。乡遂之组织，法同而名异。

《周官·大司徒》：“五家为比，五比为闾，四闾为族，五族为党，五党为州，五州为乡。”

《周官·遂人》：“五家为邻，五邻为里，四里为酂，五酂为鄙，五鄙为县，五县为遂。”

其官多由民举，而受天子之命，其职等于王官，而为地方自治之领袖。

> 《周官·司徒》："乡老，二乡则公一人。乡大夫，每乡卿一人。州长，每州中大夫一人。党正，每党下大夫一人。族师，每族上士一人。闾胥，每闾中士一人。比长，五家下士一人。遂大夫，每遂中大夫一人。县正，每县下大夫一人。鄙师，每鄙上士一人。酂长，每酂中士一人。里宰，每里下士一人。邻长，五家则一人。"

总计其数，六乡万五千比，则为比长者万五千人。六遂万五千邻，则为邻长者万五千人。推而上之，闾、胥、里、宰各三千人，族师、酂长各七百五十人，党正、鄙师各百五十人，州长、县正各三十人，合乡、遂大夫十二人及乡老三人，凡三万七千八百七十五人。以方四百里之地、十五万家之民，设三万七千八百有奇之自治职，此民治之极轨也。

周代乡遂之官各有专职。然《周官》之文有详此略彼，而可互相证者如：

> 《乡大夫》："各掌其乡之政教禁令。正月之吉，受教法于司徒，退而颁之于其乡吏，使各以教其所治，以考其德行，察其道艺。"
>
> 《遂大夫》："各掌其遂之政令。"

遂大夫不言受法施教之事，似乡大夫掌教育，而遂大夫不掌教育者，实则遂、乡相等，乡官之职所载者，遂官亦行之；遂官之职所载者，乡官亦行之。特文有详略，以避重复，故似职务不同。读《周礼》者当知其互文见义也。

乡、遂之官所掌之事，可分六项：

（一）曰校比。周有邦比之法，犹今所谓调查也。六乡六遂人畜、车辇、旗鼓、兵革以及田野、稼器，无一不需调查，故有邦比之法，登载多寡高下焉。

《周官·闾胥》："以岁时各数其闾之众寡，辨其施舍。"

《里宰》："掌比其邑之众寡，与其六畜、兵器。"

《族师》："以邦比之法，帅四闾之吏，以时属民，而校登其族之夫家众寡，辨其贵贱老幼废疾可任者，及其六畜、车辇。"

《酂长》："以时校登其夫家，比其众寡，以治其丧纪祭祀之事。……若岁时简器，与有司数之。"

《党正》："以岁时莅校比。"

《鄙师》："以岁时数其众庶，察其媺恶而诛赏。"

《乡大夫》："以岁时登其夫家之众寡，辨其可任者，以岁时入其书。"

《遂大夫》："以岁时稽其夫家之众寡六畜田野，辨其可任者，与其可施舍者。"

《州长》："三年大比，则大考州里，以赞乡大夫废兴。"

《县正》："各掌其县之政令征比，以颁田里，以分职事。"

盖常时之比，闾胥、里宰掌之。四时之比，族师、酂长掌之，党正莅之，乡大夫、遂大夫登其数于书，而入于司徒。至三年大比，则州长、县长、县正掌之，而乡、遂大夫兴其贤能焉。

《乡大夫》:“三年则大比，考其德行道艺，而兴贤者能者。”

《遂大夫》:“三岁大比，则帅其吏而兴甿。”

观此，则知乡遂之官，于其所治之地，无一事一物不调查清晰，登录详明。而凡百政治均由此而兴矣。

（二）曰法治。周代政治以法为本，自王公至庶民无不囿于礼法之中，故时时教民读法。全国之法，岁首悬于象魏，纵民观览十日。

《周官·太宰》：“正月之吉，始和布治于邦国都鄙，乃县治象之法于象魏，万民观治象，浃日而敛之。”

而乡、遂诸官，则时时教民读法。

《周官·闾胥》：“凡春秋之祭祀、役征、丧纪之数，聚众庶，既比，则读法，书其敬敏任恤者。”

《族师》：“月吉，则属民而读邦法，书其孝弟睦姻有学者。春秋祭酺亦如之。”

《党正》：“四时之孟月吉日，则属民而读邦法，以纠戒之。春秋祭禜亦如之。”

《州长》：“正月之吉，各属其州之民而读法，以考其德行道艺而劝之，以纠其过恶而戒之。若以岁时祭祀州社，则属其民而读法，亦如之。”

大抵州长属民读法，党正以下率民读之；党正属民读法，族师以下率民读之。虽非各自为政，要其一岁中读法之时，殆不下十五六次。六遂之官不言读法，以乡官例之，当亦与乡无异。乡、遂之民，无人不熟读法令，自无干犯法纪之事。此岂空言法制，而一般人民尚不知现行之法为何物者所能比哉！

（三）曰教育。司徒为教官，所掌自治地外，即以教育为专职。其教育之目，凡十有二。

《周官·大司徒》：“施十有二教焉。一曰以祀礼教敬，则民不苟。二曰以阳礼教让，则民不争。三曰以阴礼教亲，则民不怨。四曰以乐礼教和，则民不乖。五曰以仪辨等，则民不越。六曰以俗教安，则民不偷。七曰以刑教中，则民不虣。八曰以誓教恤，则民不怠。九曰以度教节，则民知足。十曰以世事教能，则民不失职。十有一曰以贤制爵，则民慎德。十有二曰以庸制禄，则民兴功。”

盖无一事不含有教育之性质，不专恃学校教育也。然以乡官所有学校推之，其学校之数之多，亦非后书所及。乡官所属党州皆有序。

《州长》：“春秋以礼会民，而射于州序。”

《党正》：“国索鬼神而祭祀，则以礼属民，而饮酒于序。”

六乡百五十党，则百五十序，三十州则三十序，总计学校已百八十，合六遂而计之，则三百六十矣。其乡之学，虽不见于《周官》，以《仪礼》“行乡饮酒之礼于庠”证之，则州党之外别有乡庠也。乡学之教，曰乡三物。

> 《大司徒》：“以乡三物教万民而宾兴之。一曰六德，知、仁、圣、义、忠、和。二曰六行，孝、友、睦、姻、任、恤。三曰六艺，礼、乐、射、御、书、数。”

遂大夫复兼教稼。

> 《遂大夫》：“掌其遂之政令，以教稼穑。”

则文化教育而兼职业教育矣。

（四）曰联合。周代人民虽无社会之名，而有联合之法。观《族师》《比长》诸职之文，知其人民之互相扶助，决非独居孑立，各不相谋者之比。

> 《族师》：“五家为比，十家为联；五人为伍，十伍为联；四闾为族，八族为联。使之相保相受，刑罚庆赏，相及相共，以受邦职，以役国事，以相葬埋。”
>
> 《比长》：“五家相受，相和亲，有罪奇邪，则相及。”
>
> 《里宰》：“以岁时合耦于锄，以治稼穑，趋其耕耨，行其秩叙，以待有司之政令。”
>
> 《邻长》：“掌相纠相受，凡邑中之政相赞。”

受职待令既须联合，奇邪相及则并行为容状，皆使一律而无所歧异，而人民徒知束身自爱者，亦必知劝戒他人以共勉其群德。此尤自治之精神所在，非如此不能去社会之害而扶植善类也。

（五）曰作民。周代人民，对于国家之义务均须负担，其期日掌于均人。

> 《周官·均人》："掌均地政，均地守，均地职，均人民牛马车辇之力政。凡均力政，以岁上下，丰年则公旬用三日焉，中年则公旬用二日焉，无年则公旬用一日焉。凶札则无力政，无财赋。"

其年龄定于乡大夫。

> 《乡大夫》："以岁时登其夫家之众寡，辨其可任者。国中自七尺以及六十，野自六尺以及六十有五，皆征之。其舍者，国中贵者、贤者、能者、服公事者、老者、疾者皆舍。以岁时入其书。"

而征集之事，则乡、遂诸官任之。凡有征集，名曰作民。

> 《周官·州长》："若国作民，而师田行役之事，则帅而致之，掌其戒令与其赏罚。"
>
> 《党正》："凡作民而师田行役，则以其法治其政事。"
>
> 《族师》："若作民而师田行役，则合其卒伍，简其兵器，以鼓铎、旗物帅而至，掌其治令、戒禁、刑罚。"

《县正》："若将用野民师田行役移执事，则帅而至，治其政令。既役，则稽功会事而诛赏。"

《鄙师》："凡作民则掌其戒令。"

《酂长》："若作其民而用之，则以旗鼓兵革帅而至。"

师田行役，各归部伍，盖州、党、酂、鄙之长，最为亲民。平时服其教训，有事听其指挥，使之作而帅之，自无隐匿、逃亡、诈欺、违犯之弊。古代无养兵之款，无工程之费，一切皆取于民。人民各甘尽其义务，初无推诿怨叛者，以乡、遂之制至精且密也。故不行地方自治之制，不能征兵，不能加赋，不能举行地方一切工程，可以周制断之矣。周之人民不但各有义务，复有对于国家之权利。其时虽无所谓议院，然国有大事必咨询之。

《周官·小司寇》："掌外朝之政，以致万民而询焉。一曰询国危，二曰询国迁，三曰询立君。其位，王南乡，三公及州长、百姓北面，群臣西面，群吏东面，小司寇摈以叙进而问焉，以众辅志而弊谋。"

是人民对于国事胥有发言之权矣。州长职文仅称作民帅致，不及大询之事，而乡大夫之职有之。

《乡大夫》："有大询于众庶，则各帅其乡之众寡，而致于朝。"

乡民得备咨询，遂民宜亦同之。乡、遂之民，家出一人，即十五万人，势不可悉致于朝。其曰“帅其乡之众寡”，殆先征求其意见，而致其欲发言者于朝，故众寡之数不定也。

（六）曰征敛。周制，乡师掌六乡之赋贡，遂师掌六遂之赋贡，皆王朝之官也。然闾里之官亦自掌征敛之事。如：

> 《里宰》：“待有司之政令，而征敛其财赋。”

是即遂官掌征敛之证。里宰职等闾胥，里宰既征敛财赋，闾胥当亦同此例也。《乡师》郑《注》，备言比、闾、族、党所共之器。

> 《周官·乡师》：“正岁稽其乡器，比共吉凶二服，闾共祭器，族共丧器，党共射器，州共宾器，乡共吉凶礼乐之器。”郑《注》：“吉服者，祭服也。凶服者，吊服也。比长主集为之，祭器者，簠、簋、鼎、俎之属，闾胥主集为之。丧祭者，夷槃、素俎、楬豆、輁轴之属，族师主集为之。此三者，民所以相共也。射器者，弓矢、楅中之属，党正主集为之。宾器者，尊、俎、笙、瑟之属，州长主集为之。吉器，若闾祭器。凶器，若族丧器。礼乐之器，若州、党宾射之器。乡大夫备集此四者，为州、党、族、闾有故而不共也。”

据此，知州、闾、族、党凡有公共之事，则为师长者，征集其器用于所辖之民家，以近事为比，则其所谓器用，即后世之自治经费也。后世万事非钱不行，故未事而先筹经费。周代虽行钱币，而乡党公事，第征器而不征钱，故无所谓经费。学者能知此意，则知古代人民担负自治经费故亦甚重。而为之领袖者，皆须任征集措置之劳。后世惟地保、图董等为县官征租，而一切公益之事皆不之顾。浮慕西法者，则谓西人能自治，而中国则否。解经者又不通此意，岂非厚诬古人哉！

六者之外，尚有祭祀、丧祀、昏冠、饮酒诸事，乡官详言之，而遂官不言，以乡比遂，殆亦同也。又如：

> 《乡大夫》："岁终则令六乡之吏，皆会政致事。"
> 《州长》："岁终则会其州之政令。"
> 《党正》："岁终则会其党政，帅其吏而致事。"
> 《族师》："岁终则会政致事。"

而六遂复不详言，惟《遂大夫》《鄙师》及之。

> 《遂大夫》："令为邑者，岁终则会政致事。"
> 《鄙师》："岁终则会其鄙之政而致事。"

盖皆详略互见也。人民之事既多，乡、遂诸官所掌，自必繁琐而易于淆杂。一岁既终，使之层递稽核，以备考绩，则其人自不敢旷职而有所欺隐。今之提倡自治者，但知组织人民，监督官吏，而人民集合之团体，其侵污欺隐，亦无以异于官吏，而立法者初不为之防制。使如周之会政致事，事事以清白昭示于众，亦何至使人民借口于自治之不如官治哉！

第四节 授田之制（附兵制）

周之田制凡三种。一画地为井而无公田者，一画地为井而以其中百亩为公田者，一不画井而但制沟洫者。

（一）画地为井而无公田者。

《周官·小司徒》："乃经土地而井牧其田野。九夫为井，四井为邑，四邑为丘，四丘为甸，四甸为县，四县为都，以任地事，而令贡赋。"《注》："郑司农云：井牧者，《春秋传》所谓'井衍沃，牧隰皋'者也。郑玄谓隰皋之地，九夫为牧，二牧而当一井。今造都鄙，授民田，有不易，有一易，有再易，通率二而当一，是之谓井牧。"

按两郑《注》均依《左传·襄公二十五年》楚蒍掩书土田之法，以释《周礼》。务掩之法曰："度山林，鸠薮泽，辨京陵，表淳卤，数疆潦，规偃潴，町原防，牧隰皋，井衍沃。"《正义》引贾逵说曰："山林之地，九夫为度，九度而当一井；薮泽之地，九夫为鸠，八鸠而当一井；京陵之地，九夫为辨，九辨而当一井；淳卤之地，九夫为表，六表而当一井；疆潦之地，九夫为数，五数而当一井；偃潴之地，九夫为规，四规而当一井；原防之地，九夫为町，三町而当一井；隰皋之地，九夫为牧，二牧而当一井；沃衍之地，亩百为夫，九夫为井。"据此，知古之井田第施于沃衍之地，其余分为八等，各以井田为标准，非谓遍地皆井田也。《周官》明云“井牧”，郑氏明云“通率二而当一”，是其标准依井牧而定。而凡山林薮泽之类，初不尽区为井也。又按：《周官》此文仅云“九夫为井”，未尝言其中一百亩为公田。

（二）画田为井而以其中百亩为公田者。公田之制，《周官》未言。惟《诗·大雅·大田》曰：“雨我公田，遂及我私。”《孟子》据以为周有公田之证，又申言其制曰，方里而井，井九百亩，其中为公田，八家皆私百亩，同养公田。公事毕，然后敢治私事。

《考工记注》郑玄曰：“周制畿内用夏之贡法，税夫，无公田。邦国用殷之助法，制公田，不税夫。”孙诒让曰：“郑以《孟子》证邦国有公田，说未确。周之邦国亦税夫，不制公田，与畿内同。公田虽为助之正法，而据《夏小正》，则夏时或已有此制，盖其由来甚久。九服之中，疆索不同，容有沿袭旧制而未能尽改者。先王以俗教安，不必强更其区畛，故《周诗》有公田之文，此亦如《左传·定公四年》所说康叔封卫，启以商政之类，非周邦国必制公田也。”

（三）不画井而但制沟洫者。

《周官·遂人》：“凡治野，夫间有遂，遂上有径。十夫有沟，沟上有畛。百夫有洫，洫上有涂。千夫有浍，浍上有道。万夫有川，川上有路，以达于畿。”（按此制与《考工记》不同。《考工记》：“匠人为沟洫，耜广五寸，二耜为耦，一耦之伐，广尺深尺谓之甽；田首倍之，广二尺、深二尺谓之遂；九夫为井，井间广四尺、深四尺谓之沟；方十里为成，成间广八尺、深八尺谓之洫；方八里为同，同间广二寻、深二仞谓之浍。”郑《注》：“此畿内采地之制。采地制井田，异于乡遂及公邑。”）

《中国历史教科书》（刘师培）曰：“按《孟子》有‘野九一而助，国中什一使自赋’之说。其后郑康成注《周礼》，以为周家之制，乡、遂用贡法，十夫有沟是也；都鄙用助法，九夫为井是也。自是两法。朱子亦以为《遂人》以十为数。《匠人》以九为数，决不可合。然尝考之，所谓野九一者，乃授田之制；国中什一者，乃取民之制。盖助有公田，故其数必拘于九，八居四旁之私，一居其中为公，是为九夫，多与少者不可行。若贡则无公田，《孟子》之什一，特言其取之之数，遂人之十夫，特姑举成数言之耳。若九夫自有九夫之贡法，十一夫自有十一夫之贡法，初不必拘以十数，而后贡法可行也。盖自遂达于沟，自沟达于洫，自洫达于浍，自浍达于川，此二法之所以同也。行助法之地，必须以平地之田，分画作九夫。中为公田，而八私环之，列如井字，整如棋局。所谓沟、洫者，直欲限田之多寡，而为之疆界。行贡法之地，则无间高原下隰，截长补短，每夫授之百亩。所谓沟、洫者，不过随地之高下，而为之蓄泄，此二法之所以异也。是以《匠人》言遂必曰二尺，言沟必曰四尺，言洫、言浍必曰八尺、曰二寻。盖以平原广野之地，画九夫之地为井，各自其九以至于同。其间所谓沟、遂、洫、浍者，隘则不足以蓄水，而广则又至于妨田，必有一定之尺寸。若《遂人》止言夫间有遂，十夫有沟，百夫有洫，千夫有浍，盖是山谷薮泽之间，随地为田，横斜广狭，皆可垦辟。故沟、洫、川、浍，亦不言尺寸。大意谓路之下即为水沟，水沟之下为田耳。非若《匠人》之田必拘以九夫，而沟、洫之必拘以若干尺也。”

论周制者，必先知周代之田有此三种区别，而后知周制有因袭前代者，有因地制宜者，并非举全国方万里之地，限以一种法制，务令整齐画一，不得稍有异同也。迂儒论古，第知有所谓井田，并不细心读书，漫以为周代普天之下皆为井田。好为新奇之说者，又据古书一二异点，傅以臆见，直谓古者初未尝有井田，此皆一偏之论也。《周官》本文不但田制有二种，即授田亦有二法。

（一）《大司徒》：“凡造都鄙，制其地域而封沟之，以其室数制之。不易之地家百亩，一易之地家二百亩，再易之地家三百亩。”

（二）《遂人》：“辨其野之土，上地、中地、下地以颁田里。上地，夫一廛，田百亩，莱五十亩，余夫亦如之。中地，夫一廛，田百亩，莱百亩，余夫亦如之。下地，夫一廛，田百亩，莱二百亩，余夫亦如之。”孙诒让曰：“《大司徒》上、中、下三等田制，与《遂人》六遂田制略同。此所谓易，即彼所谓莱。但彼上地犹有莱五十亩，非全不易者，与此小异耳。”

按其制，则自一家受田百亩至三百亩，凡四等。无论何国，上地极少，必限以八家皆受百亩，则必天下之田皆为上地而后可，否则必有三家而居一井者矣。

周之授田，计口而食，以人之多少，就地之上下。

《周官·小司徒》："乃均土地，以稽其人民，而周知其数。上地家七人，可任也者，家三人；中地家六人，可任也者，二家五人；下地家五人，可任也者，家二人。"郑《注》："一家男女七人以上，则授之以上地，所养者众也；男女五人以下，则授之以下地，所养者寡也。"孙诒让曰："三等授地，自是较略之制，其细别差率随宜损益，不能豫定。《管子·乘马》篇云：'上地之壤，守之若干，间壤守之若干，下壤守之若干，相壤定籍，而民不移。'亦以三等相壤。《吕氏春秋·上农》云：'上田，夫食九人；下田，夫食五人。可以益，不可以损。一人治之，十人食之，六畜皆在其中矣。'此大任地之道也。据《吕览》说，是十人与九人数虽有益，而田不逾上等，足明三等授田制，约而无不赅矣。"

民年三十有室者，授一夫之地。二十以上、三十以下有室者为余夫，授二十五亩之地。皆至六十而归田于官。

《周礼正义载师疏》（孙诒让）："受田之年，《经》无明文。贾据郑《内则》注义谓三十受田。陈奂云：古者二十受余夫之田，三十受一夫之田，六十归田于公。大凡三十取室生子，子年三十，父年必六十，是父归田，子必受田矣。按陈说足证郑义。盖夫家之名，起于一夫一妇，则受田者无论正夫、余夫，年二十、三十必已取室，而后谓之夫。男子年二十，或已授室，则受余夫之田；至三十，而丁众成家，别自为户，则为正夫，受田百亩。若二十以上，或未授室，则从父兄而耕，不得为余夫。其已授室受田之余夫，虽年过三十，或尚从父兄，不自为户，则仍为余夫。古正夫、余夫受田之法，盖约略如是。”

《遂人疏》引王鸣盛云：“余夫授田，上地田二十五亩，莱十二亩半；中地田二十五亩，莱田二十五亩；下地田二十五亩，莱五十亩。”

工商之家亦授田而杀于农夫。

《汉书·食货志》：“士工商家受田，五口乃当农夫一人。”（按此文未质言周制，惟《周官·载师》有贾田。江永引《汉志》以证之，并谓在民间为工者，亦予以田，如贾人之例。）

其地税，则以远近为差，而大致不过什一。

《周官·载师》：“凡任地，国宅无征。园廛二十而一，近郊十一，远郊二十而三，甸稍县都皆无过十二。惟其漆林之征，二十而五。”俞樾曰：“周税漆林独重，故《经》文用‘唯其’二字，见此不在常科之内。若至国宅，自甸稍县都率之，适合十一之数，何也？园廛二十，近郊十，远郊二十，稍县都十，其数六十。园廛税一，近郊税一，远郊税三，甸稍县都税二，其数七。是为六十而税七，稍浮于十一。然去国宅一分无税，则适是十而税一矣。”孙诒让曰：“《周官·司稼》以年之上下出敛法，是以年之上下为赋法轻重之差也。而《载师》任地，则四郊甸稍县都有十一至十二三等之法，是又以地之远近为轻重之差矣。周之彻法，盖当兼此二者。彻之云者，通乎地之远近、年之上下，以为敛取之法。”

其民之游惰者则有罚。

《周官·载师》：“凡宅不毛者有里布，凡田不耕者出屋粟，凡民无职事者出夫家之征。”孙诒让曰：“宅不毛，田不耕者，盖兼惰民受田宅而芜废不治，及富贵家之广占田宅以为游燕者言之。凡惰民之不事事者，则令出征赋以示罚。”

按周代畿内之地依郑玄之说积百同九百万夫之地，山陵、林麓、川泽、沟渎、城郭、宫室、涂巷三分去一。余六百万夫，又以田不易、一易上、中、下地相通，定受田者三百万家，则天子兆民分受此三百万夫之地，自无不足之虑。六乡六遂仅十五万夫，尤不难于均给。故即《周官》论之，无论乡、遂、都、鄙田之井与不井者，皆为王官之所有，而均布于其民，其法实无不通，惟土地有限，人口日增，不能永久不变。后之人不能因其意而消息之，或徒徇私意而隳其制，或深慕前规而泥其迹，则皆后人之失，非当时立法者之过也（周代授田之法，可参考庄存与《周官记载师任地谱》）。

周代授田之法，一以均贫富，一以通兵制，所谓寓兵于农也。乡遂十五万家，家出一人，各以七万五千家为六军。

《周官·大司马》：“凡制军，万有二千五百人为军。王六军，大国三军，次国二军，小国一军。”

《小司徒》：“会万民之卒伍……五人为伍，五伍为两，四两为卒，五卒为旅，五旅为师，五师为军。以起军旅，以作田役，以比追胥，以令贡赋。”

其田与追胥，则壮丁皆出。

《小司徒》：“凡起徒役，毋过家一人，以其余为羡，唯田与追胥竭作。”贾《疏》：“凡起徒役，毋过家一人者，谓起民役徒作之，毋过家一人。以其余为羡者，一家兄弟虽多，除一人为正卒，正卒之外，其余皆为羡卒。田谓田猎，追为逐寇，胥为同捕盗贼，非唯正卒一人，羡卒尽行，以其田与追胥之人多故也。”

盖民居以五为起数，夫田以十为起数，军旅亦以五为起数，三者皆一贯，故无烦临时编制也。乡、遂之外，丘甸皆井牧之地，其数不同，则别有编制。

《周官·小司徒》郑《注》引《司马法》曰：“六尺为步，步百为亩，亩百为夫，夫三为屋，屋三为井，井十为通。通为匹马，三十家，士一人，徒二人，通十为成。成百井，三百家，革车一乘，士十人，徒二十人，十成为终。终千井，三千家，革车十乘，士百人，徒二百人。十终为同。同方百里，万井，三万家，革车百乘，士千人，徒二千人。”

假定《司马法》为周之制，则丘甸十家出一人，视乡、遂之家出一人者迥殊，盖一以远近区其多寡也。

按周制以师旅卒伍为正，《周官》之外，证佐甚多。孔广森曰：

“古者车战，故赋舆之法，以乘为主。而《周礼》万二千五百人为军，不言其军数。以《诗》考之，军盖五百乘，乘盖二十五人，天子六军。而《采芑》曰‘其车三千’。鲁僖公时二军。而《闷宫》曰‘公车千乘’。五百乘为军，是其明证。周法五人为伍，五伍为两，两之言辆也。二十五人而车一辆。百乘成师，则二千五百人。五百乘成军，则万二千五百人。然此唯六乡制军之数如是，其郊遂以外，井地制赋，所谓甸出长毂一乘者，与此不同。”孙诒让曰：“《司马法》丘甸出车徒之法，虽与乡、遂不同，而出车则亦以二十五人为一乘，与乡、遂无异。六乡之士卒出于乡里，而兵车、大车、马车出于官。六遂之士卒出于遂邑，车马牛亦出于官，所谓出兵而不出车也。若都鄙则车徒马牛及将重车者，并出于丘甸，所谓出车而兼出兵也。盖都鄙军籍虽不豫定，至有事征调及之，则亦必以都鄙之卒，配都鄙之车，其不能易伍两之制可知矣。”

《汉书·刑法志》称：“殷、周立司马之官，设六军之众，因井田而制军赋，畿方千里，有税有赋，税以足食，赋以足兵。”盖就丘甸言之，未析言乡、遂之六军与丘甸殊法。此亦犹今之学者误认周之田制皆为井田，不知其有井有不井也。然兵制之起于田制，则乡、遂丘甸之性质固有相同之点，国养民而不养兵，民为兵而不病国，此尤古制至要之义也。

第五节 市肆门关之政

周人生计惟恃农田，贾人亦授贾田，则分业尚未甚严，农商可兼治也。然《周礼·地官》于市政亦设专官，货贿之出入门关者，各有治禁。则其商业虽不若后世之繁盛，殆必盛于唐、虞、夏、商，且其教条规制，多为后世所本，则言吾国之商政者，不可不首稽《周官》也。周之掌市肆门关者有：司市、质人、廛人、泉府、司门、司关、掌节诸官。其市官所自辟除者有：胥师、贾师、司虣、司稽、胥、肆长诸职。而立市则掌于内宰。

《周官·内宰》："凡建国，佐后立市，设其次，置其叙，正其肆，陈其货贿，出其度量淳制。"

其市在王宫之北。

《考工记》："匠人营国，面朝后市。"

盖古人讳言财利，故置之在宫朝之后，以其近于后宫，故使内宰掌之，而君后贵官且禁不得游观。

《周官·司市》："国君过市，则刑人赦；夫人过市，罚一幕；世子过市，罚一帟；命夫过市，罚一盖；命妇过市，罚一帷。"郑《注》："市者，人所交利而行刑之处，君子无故不游观焉。若游观则施惠以为说，国君则赦其刑人，夫人、世子、命夫、命妇则使之出罚，异尊卑也。"

皆所以示重农抑商也。

周制市分为三，中曰大市，东曰朝市，西曰夕市，各占一夫之地。

《周官·司市》："大市，日昃而市，百族为主。朝市，朝时而市，商贾为主。夕市，夕时而市，贩夫贩妇为主。"

《考工记·匠人》："市朝一夫。"孙诒让曰："三市为地，南北百步，东西三百步，共一里。"

市官所居曰思次，曰介次。

《周官》郑《注》："思次，若今市亭；介次，市亭所属。"

交易之时，则悬旌于思次，市官莅而治之。

《周官·司市》："凡市入则胥执鞭度，守门市之群吏平肆，展成奠贾，上旌于思次以令市。市师莅焉而听大治大讼，胥师、贾师莅于介次，而听小治小讼。"

其货之陈列有法。

《周官·司市》："以次叙分地而经市，以陈肆辨物而平市。"

《肆长》："各掌其肆之政令，陈其货贿，名相近者相远也，实相近者相尔也，而平正之。"

贾值有恒。

《周官·贾师》："各掌其次之货贿之治，辨其物而均平之，展其成而奠其贾，然后令市。凡天患，禁贵儥者，使有恒贾。四时之珍异亦如之。"

利害有别。

《周官·司市》："凡治市之货贿六畜珍异，亡者使有，利者使阜，害者使亡，靡者使微。"

伪饰有禁。

《司市》："凡市伪饰之禁，在民者十有二，在商者十有二，在贾者十有二，在工者十有二。"

《胥师》："各掌其次之政令，而平其货贿，宪刑禁焉。察其诈伪饰行儥慝者，而诛罚之。"

成贾以度量。

《司市》："以量度成贾而征儥。"

《质人》："掌稽市之书契，同其度量，壹其淳制。巡而考之，犯禁者举而罚之。"

《胥》："各掌其所治之政，执鞭度而巡其前。"

结信以质剂。

《司市》："以质剂结信而止讼。"

《质人》："掌成市之货贿、人民、牛马、兵器、珍异，凡卖傧者质剂焉。大市以质，小市以剂……凡治质剂者，国中一旬，郊二旬，野三旬，都三月，邦国期。期内听，期外不听。"郑《注》："质剂者，为之券藏之也。大市，人民、马牛之属，用长券；小市，兵器、珍异之物，用短券。"

交易以泉布。

《司市》："以商贾阜货而行布。"郑《注》："布，谓泉也。"

其税敛，有絘布、总布、质布、罚布、廛布诸目。

《周官·廛人》："掌敛市之絘布、总布、质布、罚布、廛布，而入于泉府。"

《肆长》："敛其总布。"江永曰："絘布者，市之屋税；总布者，货贿之正税；廛布者，市之地税也。"郑《注》："质布者，质人所罚，犯质剂者之泉也。罚布者，犯市令者之泉也。"

其握经济之枢者，有泉府。

《周官·泉府》："掌以市之征布，敛市之不售。货之滞于民用者，以其贾买之物楬而书之，以待不时而买者。买者各从其抵，都鄙从其主，国人郊人从其有司，然后予之。凡赊者，祭祀无过旬日，丧纪无过三月。凡民之贷者，与其有司辨而授之，以国服为之息。凡国事之财用取具焉。岁终，则会其出入，而纳其余。”金榜云：“农民受田，计所收者纳税。贾人贷泉，计所得者出息。其息或以泉布，或以货物，轻重皆视田税为差，是谓以国服为之息。郑云：于国事受园廛之田而贷万泉者，则期出息五百。贾《疏》云：万泉出息五百，计当二十取一。若然，近郊十一者，万泉期出息一千。远郊二十而三者，万泉期出息一千五百，甸稍县都之民，万泉期出息二千。郑直云，园廛者，略举以言之也。”

其货之出入门关者有节。

《周官·司市》：“凡通货贿，以玺节出入之。”

《掌节》：“门关用符节，货贿用玺节，道路用旌节，皆有期以反节。”

《司关》：“掌国货之节，以联门市。……凡所达货贿者，则以节传出之。”郑《注》：“货节，谓商本所发司市之玺节也。自外来者，则按其节而书其货之多少，通之国门，国门通之司市。自内出者，司市为之玺节，通之国门，国门通之关门。参相联，以检猾商。”

市肆门关，刑罚綦重。

《司市》：“以刑罚禁虣而去盗。……市刑，小刑宪罚，中刑徇罚，大刑扑罚。其附于刑者，归于士。”

《司虣》：“掌宪市之禁令，禁其斗嚣者、与其虣乱者、出入相陵犯者、以属游饮食于市者。若不可禁，则搏而戮之。”

《司稽》：“掌巡市而察其犯禁者，与其不物者而搏之。掌执市之盗贼以徇，且刑之。”

《胥》：“掌其坐作出入之禁令，袭其不正者，凡有罪者，挞戮而罚之。”

《司门》：“掌授管键以启闭国门，几出入不物者，正其货贿。凡财物犯禁者举之。”

《司关》：“司货贿之出入者，掌其治禁与其征廛。凡货不出于关者，举其货，罚其人。……国凶札，则无门关之征，犹几。”

综观周代治商之政，足知其时王朝及各国商货交通，四方珍异，多萃于京师。而诈伪、饰行、漏税、犯禁者，亦往往而有。设官之多，为法之严，皆由于此。故虽农商未必尽分，而商贾阜通货贿，亦列于太宰九职。当时之商业，故未可遽目为幼稚矣。又当时商贾之事，虽专掌于《地官》，而《秋官》复有关于商贾之法。

《周官·朝士》：“凡民同货财者，令以国法行之，犯令者刑罚之。”郑众《注》：“同货财者，谓合钱共贾者也。”

同货财之法，《经》未详言，疑当别有专条，盖商法之权舆也。周代关市之财赋，用途有二。一则供王之膳服；

《周官·太府》："凡颁财，以式法授之。关市之赋，以待王之膳服。"

一则养死政之老孤。

《周官·司门》："以其财养死政之老与其孤。"

而泉府之共国用者，尚不与焉。《司门》所言，专指死政者之老孤。案《遗人》之职则泛称老孤。

《周官·遗人》："掌邦之委积，以待施惠。……门关之委积，以养老孤。"

古者养老必于学校。门关之财既以养老，度即当时学校之经费。惟其详不可考耳。

周之泉布，《经》亦不详其制。自泉府外，司市与外府皆掌之。

《周官·司市》："国凶荒札丧，则市无征而作布。"

《外府》："掌邦布之入出，以共百物，而待邦之用，凡有法者。"郑《注》："布，泉也。其藏曰泉，行曰布。"

按《汉书·食货志》则周有九府圜法，

《汉书·食货志》："太公为周立九府圜法，黄金方寸而重一斤，钱圜函方，轻重以铢；布帛广二尺二寸为幅，长四丈为匹。故货宝于金，利于刀，流于泉，布于布，束于帛。”

今世犹多有周之钱布，布即钱之本名，非专指布匹也。《诗》称“氓之蚩蚩，抱布贸丝”，足证当时市易之通用布矣。

第六节 王朝之教育

周代教育分乡、遂与王朝为二途，犹今地方教育与国家教育之别也。王朝掌教育之官曰师氏、保氏，乐师则掌小学教育者也。

《周官·师氏》：“凡国之贵游子弟学焉。”
《保氏》：“掌养国子以道。”
《乐师》：“掌国学之政。”

曰大司乐、大胥、小胥、诸子，则掌大学教育者也。

《周官·大司乐》：“掌成均之法，以治建国之学政，而合国之子弟焉。”
《大胥》：“掌学士之版，以待致诸子。”
《小胥》：“掌学士之征令。”
《诸子》：“掌国子之倅，掌其戒令与其教治。”

师氏之教曰三德、三行。

《师氏》："以三德教国子。一曰至德以为道本，二曰敏德以为行本，三曰孝德以知逆恶。教三行，一曰孝行以亲父母，二曰友行以尊贤良，三曰顺行以事师长。"

保氏之教曰六艺、六仪。

《保氏》："教六艺，一曰五礼，二曰六乐，三曰五射，四曰五驭，五曰六书，六曰九数。教六仪，一曰祭祀之容，二曰宾客之容，三曰朝廷之容，四曰丧纪之容，五曰军旅之容，六曰车马之容。"

大司乐之教曰乐德、乐语、乐舞。

《大司乐》："以乐德教国子，中、和、祗、庸、孝、友，以乐语教国子，兴、道、讽、诵、言、语，以乐舞教国子，舞《云门》《大卷》《大咸》《大磬》《大夏》《大濩》《大武》。"

乐师之教曰小舞。

《乐师》："教国子小舞，凡舞有帗舞、有羽舞、有皇舞、有旄舞、有干舞、有人舞。"

观其所教，与乡、遂之教三物相近，而加详焉。盖乡、遂多平民，国学皆贵族，其时之阶级固有区别，而德行、道艺、科目仍一贯也。《周官》经无大学、小学之明文，盖古代别有学礼，详载学校教育之法。《周官》仅言官制，故其文不具。清代说经家博考诸书，证明周之小学、大学所在及学者之区别，均可补经文之阙。大抵周之小学，在王宫南大门之左。

> 《周礼正义》（孙诒让）：“师氏教国子于小学，在王宫南之左，而汉以来多以虎门为小学所在。如《蔡邕集·明堂月令论》谓《周官》有门闱之学，师氏守王门，保氏守王闱。《魏书·刘芳传》引蔡氏《劝学篇》云：‘周之师氏居虎门左，敷陈六艺，以教国子。’与《月令论》说同。《诗·大雅·灵台》孔《疏》引袁准《正论》云：‘周置师保之官，居虎门之侧。’然则学宫非一处也。《大戴礼记·保傅篇》卢《注》云：‘小学，谓虎门师保之学也。’《玉海·学校》引《三礼义宗》云：‘《内则》云，人君之子，十年出就外傅。谓就外室而受教也。外室在虎门之左，师氏之旁而筑宫焉。’《广韵·二十三魂》引《周礼》云：‘公卿大夫之子，入王端门之左，教以六艺，谓之门子。’盖诸说并因师氏朝位居虎门左，与《王制》‘小学在公宫南之左’方位隅同，遂谓小学即在于彼。金鹗云：‘天子、诸侯小学皆在宫南大门内之左。中门以内，路门之外，则有宗庙，不得为学也。师氏掌小学之教，保氏副之。师氏又以嬔诏王，故居虎门之左，司王朝，以治朝在虎门外也。或据此文遂谓天子小学在虎门之左，不知经文但言师氏居虎门之左，未尝谓小学在虎门左也。’案金说是也，王国小学自当如《王制》说，在王宫南之左，即皋门内之左也。师保教小学，其宫虽不及大学之广，然王太子、王子及诸侯、卿大夫之子咸在，其人数甚众，则亦必不甚隘。路门之左，既有宗庙，必无更容

小学之地。蔡、卢诸说殆不可通。”

大学有五，在国之南郊。

《周礼正义》（孙诒让）：“周大学之名，见此经者，唯成均。见于《礼记》者，则又有辟雍、上庠、东序、瞽宗。东序亦曰东胶，与成均为五学，皆大学也。其制度及所在之地，诸家之说纷异殊甚。今通校诸经涉学之制文，知周制国中为小学，在王宫之左。南郊为五学，是为大学。至五学方位，北上庠，东东序，西瞽宗，古无异说。唯成均、辟雍众说不同。郑锷云：周五学，中曰辟雍，环之以水。水南为成均，水北为上庠，水东为东序，水西为瞽宗。其义最确。”

《礼书通故》（黄以周）：“陆佃、郑锷说天子立四学，并其中学而五，直于一处并建。周人辟雍，则辟雍最居中。其南为成均，其北为上庠，其东为东序，其西为瞽宗。以周按辟雍之制，中曰大学，其外四学环之。大学四达于四学。《诗》曰：镐京辟雍，自西自东，自南自北，无思不服。志其制也。其外四学，兼用四代之制。东学曰东胶，取夏学之制，谓之东序。西学曰西雍（《周颂》谓其在辟雍之西也），取殷学之制，谓之瞽宗。其北学，则取有虞上庠之制也。其南学，则周制谓之成均，无他名焉。”

其学者，则自天子，

《大戴记·保傅篇》：“《学礼》曰：帝入东学，上亲而贵仁，则亲疏有序而恩相及矣。帝入南学，上齿而贵信，则长幼有差，而民不诬矣。帝入西学，上贤而贵德，则圣智在位，而功不匮矣。帝入北学，上贵而尊爵，则贵贱有等，而下不逾矣。帝入太学，承师问道，退习而端于太傅，太傅罚其不则，而违其不及，则德智长而理道得矣。”

太子，

《易传·太初篇》：“太子旦入东学，昼入南学，暮入西学，夕入北学。”

公卿、大夫之子弟，

《周官·师氏》郑《注》：“国子，公卿大夫之子弟。”

《大司乐》注：“国之子弟，公卿、大夫之子弟当学者，谓之国子。”

《诸子》注：“国子，为诸侯、卿大夫、士之子也。”

孙诒让曰：“《周礼》有国子，有门子，二者不同。国子者，即国之贵游子弟，此通乎適庶而言者也。《小宗伯》云：其正室谓之门子，则专指王族及公卿大夫之適子言之，此不兼庶子者也。古多世官，故入学者以適子为尤重。实则官族支庶子弟，亦无不入学者，故此经通言国子弟。”

乡、遂所兴之贤能，及侯国之贡士，皆与焉。

孙诒让曰："周制大学所教有三：一为国子，即王太子以下至元士之子，由小学而升者也。二为乡、遂大夫所兴贤者能者，司徒论其秀者入大学是也。三为侯国所贡士。此三者，皆大司乐教之。经唯云合国子弟者，举其贵者言之，文不具也。"

国子等入学之年，《周官》无明文，而诸书所言亦不同，大抵自八岁至二十岁。初入小学而后入大学，其年之迟早，则视资禀之敏鲁而定。

孙诒让曰："《师氏》之国子，为年十三以上者。《大司乐》之国子，为年二十以上者，长幼不同。国子入学之年，《礼》经无文，《内则》云：十年，出就外傅……朝夕学幼仪，请肄简谅。十有三年，学乐、诵诗、舞勺；成童舞象、学射御；二十而冠，始学礼，舞《大夏》。郑《注》云：成童，十五以上。《大戴礼记·保傅篇》则谓年八岁而出就外舍，束发而就大学。卢《注》云：束发，谓成童。《白虎通》曰：八岁入小学，十五岁入大学。是也，此太子之礼。《尚书大传》曰：公卿之太子，大夫、元士適子，年十三，始入小学，见小节而践小义。年二十，入大学，见大节而践大义。此世子入学之期也。又曰：十五年入小学，十八入大学者，谓诸子姓晚成者，至十五入小学，其早成者，十八入大学。《内则》曰：十年出就外傅，居宿于外，学书计者，谓公卿以下教子于家也。案依卢说，则《保傅》八岁入小学，十五入大学，为王太子之礼。《内则》书传说十三入小学，二十入大学，为诸侯、世子及卿大夫、士適子之礼。其或迟三年十五入小学，或早二年十八入大学，为世子以下晚成早成之别制。今考《保傅》上文，自据王太子言之，固当如卢说。然《白虎通义·辟雍》篇、《汉书·食货志》说并与彼同，而不云有贵贱之异。《公羊·僖公十年》何《注》则云：《礼》诸侯之子，八岁受之少傅，教之以小学，十五受太傅，教之以大学。是诸侯子入学之年又与王太子同，至十三入小学，二十入大学，据《御览》引《书传》自通王太子以下言之。《王制》孔《疏》引《书传略说》又云：余子十五入小学，十八入大学。则卢说皆非伏、王之指。《贾子·容经》又谓古者年九岁入小学，视《保傅》《内则》复迟早各较一年，众说乖异，未能明定。要王侯之子，始就傅即入小学，自宜较早。公卿以下之子，必先教于家塾，而后入小学，自宜较迟。此则揆之理而可信者耳。"

其教科，则异地异时，各有所重。

《礼记·文王世子》："凡学世子及学士，必时。春夏学干戈，秋冬学羽籥，皆于东序。小乐正学干，大胥赞之。籥师学戈，籥师丞赞之。胥鼓南。春诵，夏弦，大师诏之。瞽宗秋学礼，执礼者诏之。冬读书，典书者诏之。《礼》在瞽宗，《书》在上庠。凡祭于养老乞言合语之礼，皆小乐正诏之于东序。大乐正学舞干戚，语说命乞言，皆大乐正授数，大司成论说在东序。"

《礼书通故》（黄以周）："天子礼先圣先师出师受成，是谓承师问道之中学，又谓之大学，又谓之辟雍，此五学中之尊，学者不得居焉。天子养国老于学，是谓上亲贵仁之东学，谓之东胶，又谓之东序，学干戈羽籥者居之。天子祀先贤于学，是谓上贤贵德之西学，谓之西学，又谓之瞽宗，学礼者居之。天子视学，太子入学以齿，是谓上齿贵信之南学，谓之成均，大司乐教乐德、乐语、乐舞者居之。天子上贵尊爵，其所入者北学，谓之上庠，典书诏书者居之。”

其大学毕业，年限约九年。

《礼记·学记》：“一年视离经辨志，三年视敬业乐群，五年视博习亲师，七年视论学取友，谓之小成；九年知类通达，强立而不反，谓之大成。夫然后足以化民易俗，近者说服，而远者怀之，此大学之道也。”

按《学记》所言，虽未必即指周之大学，然《内则》谓二十而冠，始学礼，舞《大夏》，博学不教，三十而有室，始理男事，博学无方，孙友视志。则古者男子二十至三十，实皆在大学时代，故约计其毕业为九年。《周官·大胥》郑《注》：“汉《大乐律》曰：除吏二千石到六百石，及关内侯到五大夫子，先取適子高七尺以上，年二十到三十，颜色和顺、身体修治者以为舞人。与古用卿大夫同义。是古之卿大夫子弟，隶大乐正之学籍者，大抵自年二十到三十，其敏者九年毕业，甫二十八岁；鲁者或迟一二年，亦不过三十，至年满三十，则不隶于学籍矣。”此则研究《周官》者所当参考者也。

第七节 城郭道路宫室之制

周制邦国都鄙皆有封疆。

《周官·大司徒》："辨其邦国都鄙之数，制其畿疆而沟封之。""凡造都鄙，制其地域而封沟之。"

《形方氏》："掌制邦国之地域，而正其封疆，无有华离之地。"

《掌固》："凡国都之竟，有沟树之固，郊亦如之，民皆有职焉，若有山川则因之。"

其都邑则有城郭。

《量人》："掌营国城郭。"

《掌固》："掌修城郭沟池树渠之固……设其饰器……若造都邑，则治其固与其守法。"

惟城郭之制未详。《考工记》略言城制：

《考工记》："匠人营国，方九里，旁三门。""王宫门阿之制，五雉。宫隅之制，七雉。城隅之制，九雉。……门阿之制，以为都城之制。宫隅之制，以为诸侯之城制。"郑《注》：

“雉长三丈，高一丈。”

解《周官》者，即据以为说。

《司门》疏（贾公彦）：“知王城有十二门者，案《匠人》云：‘营国方九里，旁三门。’四面各三门，是有十二门。”

《司关》疏：“王畿千里，王城在中，面有五百里，界首面置三关，则亦十二关。”

道路之制，其别有五。

《司险》：“设国之五沟、五涂而树之林。”郑《注》：“五沟，遂、沟、洫、浍、川也。五涂，径、畛、涂、道、路也。”

据郑《注》则广狭有定数。

《遂人》郑《注》：“径容牛马，畛容大车，涂容乘车一轨，道容二轨，路容三轨。”贾《疏》：“郑知径容牛马之等义如此者，此从川上有路差之，凡道皆有三涂，川上之路，则容三轨，道容二轨，涂容一轨，轨者广八尺。其畛差小，可容大车一轨。轨广八尺，自然径不容车轨，而容牛马及人之步径。”

而国都涂制，则见于《考工记》。

《匠人》：“国中九经九纬……经涂九轨，环涂七轨，野涂五轨。……环涂以为诸侯经涂，野涂以为都经涂。”郑《注》：“轨凡八尺。”

合而言之，则其时道路广狭之差，凡有八等，而达之、比之、书之各有专官。

《司险》：“掌九州之图，以周知其山林川泽之阻，而达其道路。”

《合方氏》：“掌达天下之道路。”

《野庐氏》：“掌达道路，至于四畿，比国郊及野之道路宿息井树。”

《量人》：“邦国之地，与天下之涂数，皆书而藏之。”

路必有树，

《国语》：“周制有之曰：列树以表道。”

以时修除，

《周官·野庐氏》：“凡国之大事，比修除道路者。……邦之大师，则令扫道路。”

禁令甚严。

《司险》：“国之五沟、五涂……皆有守禁。国有故，则藩塞阻路而止行者，以其属守之，唯有节者达之。”

《野庐氏》：“若有宾客，则令守涂地之人聚柝之，有相翔者诛之。凡道路之舟车轚互者，叙而行之。凡有节者及有爵者至，则为之辟。禁野之横行径逾者……掌凡道禁……且以几禁行作不时者、不物者。”

《司寤氏》：“御晨行者，禁宵行者、夜游者。”

食宿有所。

《遗人》：“凡宾客会同师役，掌其道路之委积。凡国野之道，十里有庐，庐有饮食。三十里有宿，宿有路室，路室有委。五十里有市，市有候馆，候馆有积。”

其路政详备如此，此今之言筑国道者所当知也。

宫室之制，经亦无明文，惟称王有六宫六寝。

《周官·宫人》：“掌王之六寝之修。”

《内宰》：“以阴礼教六宫。”

盖《冬官》既亡，其文不具也。以《考工记》观之，略可推见周代建筑之法。

《匠人》：“周人明堂，度九尺之筵。东西九筵，南北七筵，堂崇一筵，五室，凡室二筵。室中度以几，堂上度以筵，宫中度以寻，野度以步……庙门容大扃七个，闱门容小扃三个，路门不容乘车之五个，应门二彻三个。内有九室，九嫔居之，外有九室，九卿朝焉。”“葺屋三分，瓦屋四分，囷窌仓城，逆墙六分，堂涂十有二分。窦，其崇三尺，墙厚三尺，崇三之。”

研究周代礼制者，必先知周之宫室制度，然后知其行礼之方位。自来说经者考据甚多，吾辈欲知吾国宫室沿革，亦不可不于此究心。刘师培《中国历史教科书》述西周宫室之制，撷群书之要领，颇得周制之梗概。今录之于下：

（一）明堂。周初明堂，沿殷故制，方一百一十二尺，高四尺，阶广六尺三寸。室居中，方百尺，中方六十尺。厥后复稍改殷制，度以九尺之筵，东西九筵，南北七筵，其中则分为五室，其宫周垣方三十步，在镐京之近郊，为天子宗祀朝诸侯听政之地。列于五宫之一。而洛邑也有明堂，为东都朝诸侯之地，而方岳之下，亦有明堂。

（二）宗庙。天子七庙，诸侯五庙，大夫三庙，士一庙。太祖庙在北，昭穆相次而南。庙后有寝，寝有东西房、东西夹、东西堂、东西序，亦列于五宫之一。迁主所藏曰祧，在宗庙之外。

（三）朝堂。天子诸侯，均有三朝。一曰燕朝，即内朝也，在王寝门外，路门之内。一为治朝，在应门之外，对内朝而言，则曰外朝；对外朝而言，则亦曰内朝。一为外朝，在库门之外，为象魏所悬之地，亦为嘉石、肺石所置之地。盖周代之宫有五门，在外者为皋门，稍内则为雉门，又稍内则为库门，又进则为应门、路门。燕朝者，在路门内寝之间者也。治朝者，在路门、应门之间者也。外朝者，在雉门、库门之间者也。库门亦曰正门，府库在焉。诸侯之宫门，略与天子制同。

（四）宫寝。天子六寝，一为路寝，其五为小寝。后有六宫，王后治之。诸侯三寝，一为路寝，亦曰大寝，其二为燕寝，亦曰小寝。后有三宫，夫人治之，余为侧室。卿大夫、士均二寝，正寝居前，燕寝居后。其妻二寝，亦如之。正寝亦曰外寝，其旁则曰侧室，此贵显者之居也。

（五）民居。凡民居，必有内室五所，室方一丈，所谓环堵之室也。东西室为库藏之室，中三室为夫妇所居之室。中一室有门向南，中三室前为庭院，院之东西各一室，东室西向，西室东向，谓之侧室，为妾妇所居之室。又前二步为外室，则正寝也，亦并列五室，中三室为男子所居之室，中谓大室，东为东夹室，西为西夹室，皆房也。东夹之东，为藏祖考衣冠、神主之室；西夹之室，为五祀神主之室。中室之北为梱，自梱而东，下阶而北，即内室前之庭院也，谓之曰背。中室之东为牖，西为户。户牖之间，内为中霤，外为堂。堂方二步，东西有墉。堂下两阶，各高一级，阶下有门，谓之中门。中门之外之门谓之外门，自中门至外门，其上有屋，其东西各为一室。东为厨灶之室，西为子弟肄业之所，或为宾馆，即塾之类也。凡室有穴，如圭形，以达气，或谓之曰窦，或谓之向。室之重层者曰台，其狭而修曲者为楼，由大夫以上则有阁。阁者，置板于寝，以庋食物者也。由士以上，寝门之内均有碑，树石为之，所以蔽外内也。大夫、士之屋，皆五梁为之。中脊为栋，栋北一架谓之楣，栋北第二架谓之庋，栋南一架为前楣，楣前一架接檐者亦谓之庋。庙有东西厢，寝无东西厢。室内必设一席，席上则设有几筵，而宫寝则有帏幕，此周代宫室制度之大略也。若夫平民之家，均有井，井分为二，内外不共井。其室旁均有隙地，或以树桑，或为畜狗彘、鸡豚之所。

第八节 衣服饮食医药之制

周制庶人衣服相同。

《周官·大司徒》："以本俗六安万民……六曰同衣服。"郑《注》："民虽有富者，衣服不得独异。"贾《疏》："士以上衣服皆有采章，庶人皆同，深衣而已。"

其材料皆自给。

《闾师》："凡庶民不蚕者不帛，不绩者不衰。"

其王后及公卿、大夫之礼服，则有专官掌之。

《司裘》："掌为大裘以供王祭天之服。中秋献良裘，王乃行羽物。季秋献功裘，以待颁赐。"

《内司服》："掌王后之六服……凡祭祀宾客共后之衣服，及九嫔世妇。凡命妇，共其衣服，共丧衰亦如之。"

《大宗伯》："再命受服。"

《司服》："掌王之吉凶衣服，辨其名物与其用事。凡大祭祀、大宾客，共其衣服而奉之。"

其冠服之材之自来，盖有三种：
一则诸侯所贡。

《太宰》："以九贡致邦国之用，二曰嫔贡，七曰服贡。"

《大行人》："甸服二岁一见，其贡嫔物；采服四岁一见，其贡服物。"

一则国中嫔妇所贡。

《太宰》："以九职任万民，七曰嫔妇化治丝枲。"

《闾师》："任嫔以女事，贡布帛。"

一则征敛所得。

《掌皮》："掌秋敛皮，冬敛革，春献之。"

《掌葛》："掌以时征絺绤之材于山农。凡葛征，征草贡之材于泽农，以当邦赋之政令，以权度受之。"

《掌染草》："掌以春秋敛染草之物，以权量受之，以待时而颁之。"

其治之者，有《典丝》《典枲》诸职。

《典丝》："掌丝入而辨其物，以其贾楬之。掌其藏与其出，以待兴功之时。颁丝于外内工，皆以物授之。凡上之赐予亦如之。及献功，则受良功而藏之，辨其物而书其数，以待有司之政令，上之赐予。凡祭祀，共黼画组就之物。丧纪，共其丝纩组文之物。凡饰邦器者，受文织丝组焉。岁终，则各以其物会之。”

《典枲》：“掌布、缌、缕、纻之麻草之物，以待时颁功而授赍。及献功受苦功，以其贾楬而藏之，以待时颁。颁衣服，授之；赐予，亦如之。岁终，则各以其物会之。”

《缝人》：“掌王宫之缝线之事，以役女御，以缝王及后之衣服。”

《染人》：“掌染丝帛。凡染，春暴练，夏纁玄，秋染夏，冬献功。掌凡染事。”

《冬官》虽阙，亦可考见其时妇功之大概矣。

周之服制，等差甚多，上得兼下，下不得僭上。其大纲见于《周官》中《司服》《弁师》二职。

《司服》：“王之吉服，祀昊天上帝，则服大裘而冕。祀五帝，亦如之。享先王，则衮冕。享先公之飨射，则鷩冕。祀四望山川，则毳冕。祭社稷五祀，则希冕。祭群小祀，则玄冕。凡兵事，韦弁服。视朝，则皮弁服。凡甸，冠弁服。凡凶事，服弁服。凡吊事，弁绖服。凡丧，为天王斩衰，为王后齐衰，王为三宫六卿锡衰，为诸侯缌衰，为大夫士疑衰，其首服皆弁绖。大札、大荒、大烖，素服。公之服，自衮冕而下如王之服。侯伯之服，自鷩而下如公之服。子男之服，自毳冕而下如侯伯之服。孤之服，自希冕而下如子男之服。卿大夫之服，自玄冕而下如孤之服。其凶服，加以大功、小功。士之服，自皮弁而下如大夫之服。其凶服亦如之。其齐服，有玄端素端。”

《弁师》：“掌王之五冕，皆玄冕，朱里延纽。五采缫十有二就，皆五采玉十有二，玉笄朱纮。诸侯之缫斿九就，瑉玉三采，其余如王之事，缫斿皆就，玉瑱玉笄。王之皮弁，会五采玉璂，象邸玉笄。王之弁绖，弁而加环绖。诸侯及孤卿大夫之冕、韦弁、皮弁、弁绖，各以其等为之。”

其散见于《仪礼》及《戴记》者，事目烦猥，不可殚述。清代经生研究周之服制，其书尤夥。刘师培之《中国历史教科书》约而述之，尚简明易晓，并录于下：

西周衣服之制，周代著衣之法，则行礼之时，必开服而袒其袖。凡吉凶之礼均左袒，觐礼则右袒。衣之近体者为裼衣，裼衣亦名中服。裼衣以上之衣名曰上服。袒上服亦谓之裼，不袒上服则谓之袭。又无论何服均有缘饰，或谓之纯。在冠则纯其梁之两方，在衣则纯领及袂口，在裳则纯其幅及下，深衣则又纯其边，此西周服饰之大略也。惟古人之服饰分为二类，一为行礼之服，名曰公服；一为私居所作之服，名曰亵服。今试就公服分析之。冕以木为之，广八寸，长一尺六寸。有延，覆于冕上，上玄下纁，以布为之。有纽，所以贯笄。有衡，以玉为之，束于冠之两旁。有纮，从下屈而上属于两旁。天子用朱纮，诸侯青，大夫缁组纁边。有笄，以玉为之，长尺二寸。有武，有统，所以悬瑱者。人君五色，臣三色，有瑱，天子诸侯皆以玉。大裘之冕无旒，一命之大夫亦无旒。纁裳，前三幅，后四幅，辟积无数，服辟积无数。周制，天子冕服六。大裘祀天，尚质，其衣无文。衮冕九章，衣五章，曰龙，曰山，曰华虫，曰火，曰宗彝。裳四章，曰藻，曰粉米，曰黼，曰黻。鷩冕七章，衣三章，曰华虫，曰火，曰宗彝。裳四章，曰藻，曰粉米，曰黼，曰黻。毳冕五章，衣三章，曰宗彝，曰藻，曰粉米。裳二章，曰黼，曰黻。絺冕三章，衣一章，曰粉米。裳二章，曰黼，曰黻。玄冕一章，衣无文，裳刺黻。大裘而冕，为祀昊天上帝之服，又为祀五帝之服。衮冕为享先王之服，又为会同宾客之齐服，又为受觐之服，又为大昏亲近之服。鷩冕为享先公之服，又为飨食宾客之服，又为大射之服，宾射亦如之。又为食三老五更于太学之服。毳冕为祀四望山川之服，絺冕为祭社稷五祀之服，玄冕为祭群小祀之服，又为斋戒听朔之服。六冕服，冬裘皆用羔，冕服有裼袭之制。衮冕以下至玄冕，公侯卿大夫降服有差，皆谓之裨冕。上公自衮冕九章而下，其服五，衮冕有降龙无升龙。公之衮冕衣五章，裳四章，为将觐释币于祢之服，为朝觐之服，为从王大祭服，又为鲁祭文王、周公之服，又为二王之后自祭之服，又为二王后与鲁祭天子服。公之鷩冕，衣三章，裳四章，为从王享先公飨射之服。公之毳冕，衣三章，裳二章，为从王中祭祀之服。公之絺冕，衣一章，裳二章，为从王祭社稷五祀之服。公之玄冕，衣无文，裳刺黻，为从王群小祀之服，又为自祭宗庙之服，又为亲迎之服。侯伯自鷩冕七章而下，其服四，侯伯之鷩冕为朝天子之服，又为将觐释币于祢之服，又为从王鷩冕以上之服。侯伯之毳冕、絺冕，从王服，玄冕亦从王服，又为自祭宗庙之服，又为亲迎之服。子男自毳冕五章而下，其服三。子男毳冕，为朝天子之服，又为将觐释币于祢之服，又为从王毳冕以上之服。子男絺冕，从王服。子男玄冕，从王服，又为自祭宗庙之服，又为亲迎之服。王之三公，服鷩冕而下，其服四。若加一等，得服衮冕。其鷩冕，为助王祭之服。其毳冕，为从王射之服。其絺冕，亦从王服。其玄冕，为亲迎之服，又为从王听朔之服，又为郊劳诸侯之服。王之孤卿，毳冕，其服三。若加一等，得服絺冕。其毳冕、絺冕，皆从王服。其玄冕，为亲迎之服，又为从王听朔之服。王之大夫，絺冕，其服二。絺冕，为从王助祭之服。玄冕，为亲迎之服，又为从王听朔之服。若加一等，则得服毳冕。诸侯入为王官，仍服其服。公之孤，絺冕，其服二。孤之絺冕，为聘于王朝之服，又为助祭之服。孤之玄冕，为助君祭之服，又为亲迎之服。侯、伯、子、男之卿亦如之。公之卿大夫，服玄冕，为聘于天子与助祭之服，又为助祭于公之服，又为亲迎之服。侯伯大夫再命，亦如之。子男大夫一命，亦服玄冕而无旒。冕服有韨，韨制与韠同。长三尺，下广二尺，上广一尺。天子直，公侯前后方，大夫前方后挫角，士前后正。天子之士则直，诸侯之士则方。其色，天子朱韨，诸侯黄朱，大夫素。若大夫助祭于君。则用玄冕赤韨。士无韨，若助祭于君，服爵弁，则缊韨而韎韐也。韨色皆如其裳之色。其带，有大带，天子素带，朱里终辟。诸侯素带终辟。大夫素带辟垂。又有革带，所以悬佩与韨。有佩，有笏，天子以球玉，抒上，终葵首，一曰珽，或谓之大圭。诸侯以象，前绌后直，大夫以鱼须文竹，前诎后诎。凡笏，皆搢于带间。臣于君前将有指画，或书以记事，则执之。有偪，有舄，冕服皆赤舄，自天子至卿大夫同。

刘氏所举惟冕服，以周制冕服最尊也。

《周礼正义》（孙诒让）：“凡服，尊卑之次系于冠。冕服为上，弁服次之，冠服为下。”

其弁服、冠服之差别，详于任大椿《弁服释例》：

爵弁为天子、卿大夫及诸侯之孤，祭于已之服，又为士助祭斋服，又为士助祭之服，又为释祭视涤濯之服，又为天子、诸侯先祖为士者之尸服，又为衅庙、迁庙、祝宗人、宰夫、雍人及从者入庙之服，又为士冠三加之服，又为士亲迎之服，又为诸侯始命之服，又为士之命服，又为诸侯之复服，又为士之复服，又为公之袭服，又为大夫之袭服，又为士之袭服，又为公之襚服，又为天子承天变及哭诸侯之服。爵弁重于皮弁，有爵韦弁，有素爵弁，有布爵弁。一曰冕，或曰韦弁。爵弁无旒，与无旒之冕同，惟不俯尔。爵弁，以三十升布为之，赤色而微黑。上古以布，中古以丝，广八寸，长尺六寸；或曰高八寸，长尺二寸。纯衣，纁裳，靺韐。天子、诸侯爵弁之舄无明文，大夫、士纁屦，黑絇繶纯，中衣用素羔裘。韦弁，为聘礼卿归宾、饔饩之服，又为下大夫聘礼、归介饔饩及介受礼之服，又为聘礼夫人使下大夫归礼之服，又为天子、诸侯、大夫兵事之服。韦弁重于皮弁，形制似皮弁，广狭之度当似后世武弁。天子、诸侯、孤、卿大夫韦弁，会皆有玉璂，璂数与玉采各以其等。朱裳、韠与爵弁同。天子、诸侯舄无明文，大夫白屦，黑絇繶纯。皮弁，为天子郊天听祭报之服，又为大学有司祭菜之服，又为君巡狩之服，又为君卜夫人世妇养蚕之服，又为君蜡祭之服，又为舞大夏之服，又为士冠再加之服，又为天子视朝之服，又为天子常食之服，又为诸侯在王朝之服，又为诸侯视朔之服，又为天子燕同姓之服，又为天子宾射、燕射及诸侯在境宾射之服，又为诸侯大射之服，又为天子受朝宗之服，又为觐礼劳侯氏之服，又为诸侯相朝之服，又为聘礼宾主人之服，又为宾及上介受饔饩之服，又为归饔饩宾拜赐之服，又为卿还玉及宾受玉之服，又为诸侯田猎之服，又为天子除丧之祭服，又为诸侯之复服，又为公之袭服，又为大夫之袭服，又为士之袭服，又为公之襚服，又为上大夫卜宅与葬日占者之服，又为国君吊异国臣之服，又为诸侯、卿大夫、士当事不当事之吊服，又为既夕乘车所载之服，又为公于公族变降之服。皮弁重于朝服，弁以鹿皮浅毛为之，衣用十五升布，素积，素韠（大夫以上素带，士缁带，与爵弁同）。天子诸侯白舄，青絇繶纯，大夫、士白屦，缁絇繶纯。纯博寸，一曰素积，或曰素端。中衣用布（朝服玄端同）。天子视朝，三公及诸侯在王朝，服皮弁用狐白裘，锦衣裼。诸侯在国视朔及受聘享，服皮弁，则素衣麛裘。天子、卿大夫及诸侯、卿大夫在天子之朝亦皮弁，狐白裘，素衣裼。天子之士及诸侯之士在天子之朝，皮弁，麑裘。朝服，为衅庙礼成君听反命之服，又为大夫家祭筮日之服，又为大夫家祭宗人请期之服，又为大夫家祭视杀、视濯之服，又为大夫家祭尸服，又为诸侯大夫及天子之士正祭之服，又为士家祭宾及兄弟之服，又为酺萗社之服，又为裼祭之服，又为士冠筮日、筮宾之服，又为士冠宿宾及夕为期之服，又为诸侯视朔之服，又为卿大夫莫夕于朝之服，又为王朝卿士退朝治事之服，又为天子诸侯养老及宴群臣之服，又为公食大夫公及宾之服，又为公食大夫宾拜赐之服，又为公食大夫不亲食使大夫致侑币及宾受赐、拜赐之服，又为大夫相食不亲食致侑币之服，又为诸侯常食之服，又为诸侯燕射之服，又为诸侯在国宾射之服，又为乡饮酒戒宾、速宾之服，又为乡饮酒宾主人之服，又为乡饮酒宾主人拜赐、拜辱之服，又为乡射速宾之服，又为乡射宾主人之服，又为乡射宾主人拜赐、拜辱之服，又为士负世子之服，又为君名世子之服，又为命使于君之服，又为乘路马之服，又为仆右之服，又为聘礼使者夕币之服，又为聘礼君展币之服，又为聘礼宾及介释币于祢之服，又为聘礼君进使者授圭璧之服，又为聘礼肆仪之服，又为聘礼入境展币之服，又为聘礼请事、请行、郊劳之服，又为聘礼宰夫设飧之服，又为聘礼宾辞受饔飧之服，又为聘礼宰夫致上介饩及上介受饩之服，又为聘礼问卿宾主人之服，又为聘礼上介问下大夫之服，又为聘礼不亲食使大夫致侑币之服，又为聘礼卿归及郊请反命之服，又为聘礼卿有私丧反命之服，又为天子田猎之服，又为君视疾有疾者见君之服，又为养亲疾之服，又为将死者新加之服，又为始死后者之服，又为宰受含之服，又为公之袭服，又为公之襚服，又为小敛前后吊者之服，又为下大夫及士筮宅占者之服，又为既夕道车所载之服，又为大祥筮日、筮尸、视濯之服，又为大祥夕期及祥祭之服，又为既祥受赠赗之服，又为逾月吉祭之服。朝服重于玄端，一曰玄衣、一曰缁衣、一曰玄端、一曰乡服。朝服、玄端，冠皆玄冠。玄冠，一曰委貌，广二寸，以缯为之，衡缝、内毕、缘边。居冠属武，非燕居则冠与武别。冠武异材，冠缨异材。缨之有饰者曰緌，有缅，有总，有髦。一曰冠弁，有素委貌，衣用十五升缁布，素裳，缁带，素韠，或缁韠。天子诸侯白舄，青絇繶纯，大夫士白屦，黑絇繶纯。凡朝服，君臣皆羔裘，臣则豹袖。玄端，为诸侯大夫士斋服，又为士祭筮日、筮尸、视濯、宾主人及子姓兄弟有司群执事之服，又为宿尸、宿宾尸及宾主人之服，又为大夫、士之尸服，又为士家祭视杀及正祭之服，又为士祭祝佐食之服，又为有司免牲之服，又为士冠初加之服，又为士冠宾主人之服，又为士冠兄弟之服，又为士冠摈者、赞者之服，又为冠者见君及卿大夫、乡先生之服，又为士昏纳采宾主人之服，又为亲迎从者及主人之服，又为天子诸侯燕居之服，又为大夫士私朝之服，又为士夕于君之服，又为世子事亲之服，又为子事父母之服，又为公食大夫戒宾宾拜辱之服，又为乡饮、酒息、司正之服，又为乡射戒宾之服，又为乡射息司正之服，又为大夫去国之服，又为世子亲斋养疾之服，又为疾者及养疾者之服，又为公袭二称之服，又为公之襚服，又为士丧卜日族长及宗人之服，又为士虞尸服，又为绎祭及绎祭后服，又为逾月吉祭后燕居之服，又为殇除丧祭之服。士玄端，大夫以上侈袂，士妻宵衣之袂，皆正方，与士玄端同。大夫命妇侈袂，亦与大夫同。玄端连衣裳，则曰缘衣，衣用十五升黑布。天子诸侯玄端朱裳，大夫素裳，士玄裳、黄裳、杂裳。天子诸侯朱韠，大夫素韠，士爵韠，或以缁韠。天子诸侯黑舄，赤絇繶纯，大夫士黑屦、青絇繶纯。玄端狐青裘，或曰羔裘。

而深衣之制则详于任大椿《深衣释例》：

深衣，古养老及燕群臣之服，又为诸侯之夕服，又为游燕之服，又为大夫士私朝夕服及居家之服，又为道路之服及为庶人之吉服，又为亲始死之服，又为奔丧未成服之服，又为亲殡时之服，又为殡后君吊及未殡之服，又为既祥之服，又为除丧受吊之服，又为公子为其母与妻之服，又为亲迎女在途闻父母死趋丧之服，又为女在途闻其父死奔丧之服，又为女未至遭婿衰功之丧、男女易吉之服，又为聘使闻私丧既反命之服，又为庶人之吊服，又为童子趋丧之服。深衣，用布十五升，衣与袂各二幅，皆二尺二寸，袪尺二寸。曲袷，属于内外襟，两襟交，则袷交而形自方。裳要缝七尺二寸，缝齐一丈四尺四寸，十裳二幅，前后各六幅。在旁者名曰衽，续衽钩边，衣裳皆有缘。裳之长及踝，带当胁下。凡服，殊衣裳；法衣，不殊衣裳。深衣露著而素纰长袂者曰长衣，有表而长袂者曰中衣，中衣在裘及裼衣之内，布缘者曰麻衣，通曰禅衣。

欲研究周人衣服之差别，不可不熟复乎此也。

周人之食以谷为主，而于人民食品，尤以平均周给为要。

《周官·司稼》："掌巡邦野之稼，而辨穜稑之种，周知其名，与其所宜地以为法，而县于邑闾。巡野观稼。以年之上下出敛法。掌均万民之食而赒其急，而平其兴。"

民数与食物之数均有统计。年有上下，食亦有多寡。其凶年，则有预防及救济之法。

《廪人》："掌九谷之数：……以岁之上下数邦用，以知足否，以诏谷用，以治年之凶丰。凡万民之食者，人四鬴，上也；人三鬴，中也；人二鬴，下也。若食不能人二鬴，则令邦移民就谷，诏王杀邦用。"

《遗人》："掌邦之委积，以待施惠。乡里之委积，以恤民之艱阨。……县都之委积，以待凶荒。"

《旅师》："掌聚野之锄粟、屋粟、间粟而用之。以质剂致民，平颁其兴积，施其惠，散其利，而均其政令。凡用粟，春颁而秋敛之。"

而平居所用之牲谷，必责其出于自力。

《闾师》："凡庶民不畜者，祭无牲；不耕者，祭无盛。"

饮酒必谨而几之。

《萍氏》："掌国之水禁、几酒、谨酒。"

其注意于民之饮食如此。其贵族之饮食。有六谷、

《膳夫》："凡王之馈食，用六谷。"（郑司农云：六谷，稌、黍、稷、粱、麦、苽。）

六牲、

《膳夫》："膳用六牲。"（郑《注》："六牲，马、牛、羊、豕、犬、鸡。"）

六兽、六禽、

《庖人》："掌共六畜、六兽、六禽。"（郑司农云六兽，麋、鹿、熊、麇、野豕、兔。六禽，雁、鹑、鷃、雉、鸠、鸽。郑玄谓六兽，有狼，无熊；六禽为羔、豚、犊、麛、雉、雁。）

六清、

《膳夫》："饮用六清。"

《浆人》："掌共王之六饮，水、浆、醴、凉、医、酏。"

庶羞、

《膳夫》："羞用百二十品。"（按其数不可备举，据《内则》有爵、鷃、蜩、范、芝、栭、菱、椇、枣、栗、榛、柿、瓜、桃、李、梅、杏、楂、梨、姜、桂，及牛脩、鹿脯、田豕脯、麋脯、麇脯、雉、兔等。）

八珍、

《膳夫》："珍用八物。"（郑《注》："珍谓淳熬、淳母、炮豚、炮牂、捣珍、渍、熬、肝膋也。"）

五齐、七醢、七菹、三臡等。

《醢人》："王举，则共醢六十瓮，以五齐、七醢、七菹、三臡实之。"（郑《注》：五齐：昌本、脾析、蜃、豚拍、深蒲也。七醢：醓、蠃、蠯、蚳、鱼、兔、雁醢。七菹：韭、菁、茆、葵、芹、箈、笋。三臡：麋、鹿、麇臡也。）

其鱼物、互物、腊物，均有长官掌之。

《甗人》："掌以时甗为梁。春献王鲔，辨鱼物为鲜薨，以共王膳羞。凡祭祀宾客丧纪，共其鱼之鲜薨，凡甗者，掌其政令。"

《鳖人》："掌取互物，以时簎鱼、鳖、龟、蜃。凡狸物，春献鳖蜃，秋献龟鱼，掌凡邦之簎事。"

《腊人》："掌干肉，凡田兽之脯腊膴胖之事。凡祭祀，共豆脯，荐脯膴胖，凡腊物。"

其食以时，

《食医》："凡食齐视春时，羹齐视夏时，酱齐视秋时，饮齐视冬时。凡和，春多酸，夏多苦，秋多辛，冬多咸，调以滑甘。"

其会以宜。

《食医》："凡会膳食之宜，牛宜稌，羊宜黍，豕宜稷，犬宜粱，雁宜麦，鱼宜苽。凡君子之食恒放焉。"

虽其分别等差，不能使平民皆受此等奉养，然取精用宏，养生有法，亦可见其时研究食物之进化矣。（按周代之制，食物之众寡，以爵位之贵贱为差。天子燕食，羞用百二十品，大夫燕食，有脍则无脯，有脯则无脍，上大夫庶羞二十品，羹食。自诸侯以下至于庶人，无等。士不贰羹胾。大夫无秩膳，七十而有阁。士以下，恒食黍稷，大夫以上，加稻粱。故膏粱为贵族子弟之称，庶人自卿大夫为肉食者，此阶级之弊也。）

周之饮食精备如此，而礼制即寓于其中。所谓夫礼之初，始诸饮食也。饮食之礼，详于《仪礼》。刘师培《中国历史教科书》尝约述之：

凡食礼，初食三饭，卒食九饭。设馔，以豆为本。凡正馔，先设黍稷，辅以俎豆，加馔以后，则用稻粱。庶羞，初食加馔之稻粱，以正馔之俎豆佐食。卒食正馔之黍稷，以加馔之庶羞佐食。凡食礼，有豆无笾，饮酒之礼，有豆有笾。其用牲也，士冠礼、士昏礼用豚，乡饮射、飨礼、燕礼、大射均用狗，聘礼用太牢、少牢，公食大夫礼用太牢。士丧、既夕、士虞皆用特牲。凡牲，皆用右胖。牲二十一体，谓之体解。牲七体，谓之豚解。杀者曰饔，生者曰饩。烹牲及鱼腊曰饔爨，炊黍稷曰饎爨，出脯醢谓之荐。此会食礼之大略也。食必于庙，燕必于寝，乡饮必于庠。

盖周之尚文，即一饮一食之微，亦必寓其意焉。后人但斥其繁琐无谓，而不悉心研究其思想制度之所以发生，则用心粗犅之过也。欲知其意，宜先读《乐记》之言。

《乐记》："夫豢豕为酒，非以为祸也。而狱讼益繁，则酒之流生祸也。是故先王因为酒礼，壹献之礼，宾主百拜，终日饮酒，而不得醉焉。此先王之所以备酒祸也。"

则知周人之于饮食，既求其美备，复防其恣肆，非徒诏人以口腹之欲，亦非徒限人以阶级之制也。

周代饮食进化，故于医药之法，亦极注重。凡医皆属于太宰，而万民皆得从而治之。

《疾医》："掌养万民之疾病。四时皆有疠疾，春时有痟首疾，夏时有痒疥疾，秋时有疟寒疾，冬时有嗽上气疾。以五味、五谷、五药养其病，以五气、五声、五色视其死生。两之以九窍之变，参之以九藏之动。凡民之有疾病者，分而治之。死终，则各书其所以，而入于医师。"

《疡医》："掌肿疡、溃疡、金疡、折疡之祝药劀杀之齐。凡疗疡，以五毒攻之，以五谷养之，以五药疗之，以五味节之。凡药，以酸养骨，以辛养筋，以咸养脉，以苦养气，以甘养肉，以滑养窍。凡有疡者，受其药焉。"

《兽医》："掌疗兽病，疗兽疡。凡疗兽病，灌而行之，以节之，以动其气，观其所发而养之。凡疗兽疡，灌而劀之，以发其恶，然后药之、养之、食之。凡兽之有病者、有疡者，使疗之，死则计其数以进退之。”

人兽之病皆有专医，祝药劀杀，备具诸法，进退差次，考核綦重。

《医师》：“掌医之政令，聚毒药，以共医事。凡邦之有疾病者、疕疡者造焉，则使医分而治之。岁终则稽其医事，以制其食。十全为上，十失一次之，十失二次之，十失三次之，十失四为下。”

其重视生命如此，岂若今之纵中外医士草菅人命，无考校者哉！

第九节 礼俗

周之政法，即谓之礼。前所举之制度，皆礼也。此节所言之礼俗，则周代制度中之子目，而于《周官》中专礼之名者也。《周官》举礼之目者有二官，一为司徒所掌之礼，目有四：祀礼、阳礼、阴礼、乐礼。一为宗伯所掌之礼，目有五，

大宗伯之职，掌建邦之天神、人鬼、地祇之礼，以佐王建保邦国。以吉礼事邦国之鬼神示……以凶礼哀邦国之忧……以宾礼亲邦国……以军礼同邦国……以嘉礼亲万民。

而此五者又各有子目。

（一）吉礼之别十有二：以禋祀祀昊天上帝，以实柴祀日月星辰，以槱燎祀司中、司命、飌师、雨师，以血祭祭社稷五祀五岳，以貍沈祭山林川泽，以疈辜祭四方百物，以肆献祼享先王，以馈食享先王，以祠春享先王，以礿夏享先王，以尝秋享先王，以烝冬享先王。

（二）凶礼之别五：以丧礼哀死亡，以荒礼哀凶札，以吊礼哀祸灾，以桧礼哀围败，以恤礼哀寇乱。

（三）宾礼之别八：春见曰朝，夏见曰宗，秋见曰覲，冬见曰遇，时见曰会，殷见曰同，时聘曰问，殷覜曰视。

（四）军礼之别五：大师之礼用众也，大均之礼恤众也，大田之礼简众也，大役之礼任众也，大封之礼合众也。

（五）嘉礼之别六：以饮食之礼亲宗族兄弟，以昏冠之礼亲成男女，以宾射之礼亲故旧朋友，以飨燕之礼亲四方之宾客，以脤膰之礼亲兄弟之国，以贺庆之礼亲异姓之国（以上均引自《大宗伯》）。

此五目三十六项，即赅于司徒所举之四目中，而其仪文度数之繁密，殆不可胜举。今其礼固不尽存，即其存者言之，犹当别为专书，始能详述其制礼之义，本书不能尽述也。近人谓《仪礼》为全书，胪举《礼书》篇目，合之《戴记》，其言颇有见：

《礼经通论》（邵懿辰）："汉初，鲁高堂生传《礼经》十七篇，五传至戴德、戴圣，分为《大戴》《小戴》之学，皆不言其有阙也。言仅存十七篇者，后人据《汉书·艺文志》及刘歆《七略》，多因《逸礼》三十九而言耳。夫高堂、后苍、二戴、庆普不以十七篇而不全者，非专己而守残也，彼有所取证，证之所附之记焉耳。观《昏义》曰：夫礼始于‘冠’，本于‘昏’，重于‘丧’‘祭’，尊于‘朝’‘聘’，和于‘乡’‘射’。故有《冠义》以释《士冠》，有《昏义》以释《昏礼》，有《问丧》以释《士丧》，有《祭义》《祭统》以释《特牲》《少牢》《有司彻》，有《乡饮酒义》以释《乡饮》，有《射义》以释《乡射》《大射》，有《燕义》以释《燕礼》，有《聘义》以释《聘礼》，有《朝事》以释《觐礼》，有《四制》以释《丧服》。而无一篇之义出于十七篇之外者，是冠、昏、丧、祭、朝、聘、乡、射八者，约十七篇言之也。更证之《礼运》，《礼运》尝两举八者以语子游，皆孔子之言也。特‘射、乡’讹为‘射、御’耳。一则曰达于丧、祭、射、乡、冠、昏、朝、聘，再则曰其行之以货、力、辞、让、饮、食、冠、昏、丧、祭、射、乡、朝、聘。货、力、辞、让、饮、食六者，礼之纬也，冠、昏、丧、祭、射、乡、朝、聘八者，礼之经也。冠以明成人，昏以合男女，丧以仁父子，祭以严鬼神，乡饮以合乡里，燕射以成宾主，聘食以睦邦交，朝觐以辨上下。天下之人尽于此矣，天下之事亦尽于此矣。而其证之尤为明确而可指者，适合于《大戴》十七篇之次序。《大戴》《士冠礼》一，《昏礼》二，《士相见》三，《士丧》四，《既夕》五，《士虞》六，《特牲馈食》七，《少年馈食》八，《有司彻》九，《乡饮》十，《乡射》十一，《燕》十二，《大射》十三，《聘》十四，《公食大夫》十五，《觐》十六，《丧服》十七。是一、二、三篇，冠、昏也；四、五、六、七、八、九，丧、祭也；十、十一、

十二、十三，射、乡也；十四、十五、十六，朝、聘也。而丧服之通乎上下者附焉。

兹就此八者而举之，以见周代礼俗之一斑。

（一）冠。男子二十而行冠礼。未冠之前，必筮日，筮宾。及期，行礼于阼。宾以缁布冠、皮弁、爵弁，三加其首；复醮于客位，字之曰伯某甫。既冠者玄冠、玄端以见君，并谒乡大夫、乡先生，所以示其成人也。適子冠于阼，庶子冠于房；適子醮用醴，庶子则用酒，所以别適庶也。由士以上均行此礼。或曰“天子十二而冠”。

（二）昏。周之昏礼，先使媒氏通言，女氏许之，乃使人纳采，继以问名、纳吉、纳徵、请期诸礼。纳采用雁，纳徵用缁布；由卿以上，则加玄纁、俪皮及珪璋。届期，父醮子而命之迎，子承命以往，执雁而入，奠雁稽首，出门乘车，以俟妇于门外，导妇而归，与妇同牢而食，合卺而饮。次日，妇见于舅姑，舅姑飨之。三月而庙见。凡女子许嫁，笄而字，祖庙未毁，则就公宫教以妇德、妇言、妇容、妇功；祖庙已毁，则教于宗室。

（三）丧。周代丧礼，凡始卒，必于室。小敛后，则奉尸于堂，大敛必于阼阶上。既殡，则置于西阶上，尸柩皆南首，惟朝祖及葬，北首。始卒及小敛、大敛，均朝夕哭，朔月荐新。及迁柩、迁祖、大遣，皆行奠礼。其行奠礼也，小敛以前，皆在尸东；大敛以后，皆在室中；迁祖以后，皆在柩西。既还车，则在柩东。行奠礼，必荐车马，必行哭礼。丈夫踊，降自西，妇人踊，于东南。此奠礼之大略也。有丧必赴，既赴，则吊者至，君使人吊，则主人拜，稽颡成踊，非君之吊，则拜而不踊。若君临大敛，则主人拜，稽颡成踊。此吊礼之大略也。至于送终之典，则敛尸以巾，布席于尸。大敛则加以公服，棺周于身，椁周于棺。天子棺椁九重，诸侯五重，大夫三重，士二重，庶人有棺而无椁。棺椁均用木，被之以革。置柩之地，刊木为重，幂之以布，复以旗为明旌，以铭其生前之绩。其葬期，天子七月，诸侯五月，大夫三月，士逾月。树土为冢，置棺其下，冢人掌之。此殡葬之大略也。其服制，亲丧三年，哭踊均有常节，寝苫枕块。既葬曰"虞"，期年而小祥，又期年而大祥。大祥更间一月则为禫祭，禫祭则除服。故三年之丧，二十五个月而毕。自天子至于庶人均行之。其他服制，则自三年递降，凡七等，其冠衰布缕皆有差。

（四）祭。祭必卜日，先期斋戒，以所祭者之孙或同姓者为尸。卜而宿之，并宿宾。祭前一日之夕，主人及子姓兄弟众宾视濯、视牲。祭之日，主人主妇及执事者视杀、视饎爨，及陈设鼎俎，而后迎尸。尸入坐，主人一献，主妇亚献，宾三献。天子之礼，禘十二献，祫九献，时享七献；诸侯之礼，则七献。事尸毕，祝告利；尸出，佐食彻俎而馂。祭之明日，复享宾，天子诸侯曰"绎"，大夫曰"宾尸"，士曰"宴尸"。凡士祭，尸九饭；大夫祭，尸十一饭。尸未食前之祭，谓之"堕祭"，又谓之"挼祭"。凡正祭于室，傧尸则于堂。此祭之大略也。

（五）射。射礼有三，大射及宾射、燕射也。天子大射，射于射宫；宾射，射于王朝；燕射，射于路寝庭。诸侯、卿亦有大射之典。天子三侯，诸侯二侯，卿大夫一侯。士不大射，诸侯宾射亦二侯，卿以下一侯。大射之侯曰"皮侯"，以虎、豹等皮饰侧，而栖鹄于中。宾射亦用虎、豹、熊、麋之皮饰侧，而中画五采以为正，曰"五采之侯"。燕射，则天子熊侯白质，诸侯麋侯赤质，大夫布侯，画以虎豹，士布侯，画以鹿豕；皆丹质，名曰“兽侯”。凡射，皆三次。初射，三耦射；再射，三耦与众耦皆射；三射，则以乐节射，不胜者饮。

（六）乡。乡饮之礼，以乡大夫为主人，处士贤者为宾介。宾至，拜迎于门外；入门，三揖三逊，自西阶升，司正北面受命安宾；升歌，间歌，合乐，主拜宾至，宾拜主洗。凡宾，六十者坐，五十者立。六十者三豆，七十者四豆，八十者五豆，九十者六豆。献酬既毕，降，脱屦升堂，乃羞。无算爵，无算乐，宾出奏《陔》。

（七）朝。周之朝仪有三，外朝之法，朝士掌之。左九棘，孤卿大夫位焉，群士在其后；右九棘，公、侯、伯、子、男位焉，群吏在其后；面三槐，三公位焉，州长众庶在其后。治朝之位，司士正之。王南乡，三公北面东上，孤东面北上；卿大夫西面北上；王族故士虎士在路门之右，南面东上；大仆、大右、大仆从者在路门之左，南面西上。司士摈，孤卿特揖，大夫以其等旅揖。士旁三揖。王还揖门左，揖门右，士先即位，不待王揖；大夫以上，皆待王揖乃就位。燕朝之仪，大仆掌之，大夫坐于上，士立于下，王坐而听政焉。诸侯朝觐，皆受舍于朝，同姓西面北上，异姓东面北上。天子衮冕负斧依，侯氏入门右，坐奠圭，再拜稽首。摈者谒，侯氏坐取圭，升致命，王受之玉，侯氏降阶，东北面再拜稽首。摈者延之曰升；升成拜，乃出。侯氏三享，奉束帛十马，天子赐侯氏以车服。

（八）聘。聘，有使，有介，皆载旜。受命于朝，过邦则假道，入境，肆仪，展币，主君及夫人使使劳之。致馆，设飧。明日，迎宾，设几筵于庙，宾执圭致聘；出，复入，奉束帛，加璧、享，庭实以皮，或以马；聘于夫人，用璋，享用琮。事毕，宾奉束锦以请觌，主君礼，宾上介众介均私觌。宾即馆，主君使人劳之，归饔饩焉。

此皆当时人事所至重者也，传称“国之大事，在祀与戎”。周之祭礼，迷信多神，自天地、山川、日星、风雨、户灶、门行、猫虎、厉鬼之类，皆有专祀，其言多无当于民治，故不胪举。《军礼》已亡，《宗伯》所言五目，都无所考，惟《夏官·大司马》略言之。

> 《大司马》：“中春，教振旅。司马以旗致民，平列陈，如战之陈，辨鼓、铎、镯、铙之用。王执路鼓，诸侯执贲鼓，军将执晋鼓，师帅执提，旅帅执鼙，卒长执铙，两司马执铎，公司马执镯。以教坐作进退、疾徐、疏数之节，遂以蒐田。中夏，教茇舍，如振旅之陈。群吏撰车徒，读书契，辨号名之用。帅以门名，县鄙各以其名，家以号名，乡以州名，野以邑名，百家各象其事，以辨军之夜事。其他皆如振旅，遂以苗田。中秋，教治兵，如振旅之陈，辨旗物之用。王载大常，诸侯载旂，军吏载旗，师都载旜，乡遂载物，郊野载旐，百官载旟，各书其事与其号焉。其他皆如振旅，遂以猕田。中冬教大阅，前期群吏戒众庶，修战法，虞人莱所田之野为表，百步则一，为三表，又五十步为一表。田之日，司马建旗于后表之中，群吏以旗物、鼓、铎、镯、铙，各帅其民而致。质明，弊旗，诛后至者。乃陈车徒，如战之陈，皆坐。群吏听誓于陈前，斩牲，以左右徇陈，曰：‘不用命者斩之。’中军以鼙令鼓，鼓人皆三鼓，司马振铎，群吏作旗，车徒皆作，鼓行鸣镯，车徒皆行，及表乃止。三鼓摝铎，群吏弊旗，车徒皆坐。又三鼓，振铎，作旗，

车徒皆作，鼓进鸣镯，车骤徒趋，及表乃止，坐作如初。乃鼓，车驰徒走，及表乃止。鼓戒三阕，车三发，徒三刺，乃鼓退，鸣铙且却，及表乃止，坐作如初。遂以狩田，以旌为左右和之门，群吏各帅其车徒，以叙和出，左右陈车徒，有司平之，旗居卒间以分地，前后有屯百步，有司巡其前后。险野，人为主；易野，车为主。既陈，乃设驱逆之车，有司表貉于陈前。中军以鼙令鼓，鼓人皆三鼓，群司马振铎，车徒皆作，遂鼓行，徒衔枚而进。大兽公之，小禽私之，获者取左耳。及所弊，鼓皆骕，车徒皆噪。徒乃弊，致禽馌兽于郊。”

欲考周代狩猎及战陈之概况者，亦可略推其意焉。

周之礼俗，有沿用于后世者，有与后世迥异者。考究当时风俗，及吾国今日习俗之沿革，皆宜于《礼》求之。略举数端，以见古今礼俗之异宜焉。

（一）饮食之俗。凡取饭于器中皆以匕，而承之悉以手。其未食也，先盥其手，将食，则仰其手而奉之。既食，则覆其手，以弃余粒，而扬饭、搏饭、放饭、流歠、啮骨，皆其所戒。若宾主会食，则主人以酒进宾，谓之“献”；宾报主人以酒，谓之“酢”；主人饮酒劝宾，谓之“酬”；正献既毕之酒，谓之“旅酬”；旅酬既毕之酒，谓之“无算爵”。凡献酒，必荐食。君之酒曰“膳”，臣之酒曰“散”，酌而无酬酢曰“醮”。执爵皆以左手，君臣男女不相袭爵。

（二）迎送揖让授受之俗。凡迎宾，主人敌者于大门外，主人尊者于大门内。君与臣行礼，则不迎送，宾亦然。凡入门，宾入自左，主人入自右，皆主人先入。以臣礼见，则入门右。推手曰

"揖"，引手曰"厌"。入门必三揖，升阶皆三让。宾主敌者，俱升俱降；不敌者，不俱升。升阶，均连步。凡授受之礼，同面者谓之"并授受"，相向者谓之"讶授受"；敌者于楹间，不敌者不于楹间。卑者于尊者皆奠而不授，尊者辞乃授。凡一辞而许曰"礼辞"，再辞而许曰"固辞"，三辞不许曰"终辞"。

（三）拜跪之俗。周之拜礼有九。头至地者为稽首顿首拜，头叩地者为顿首拜，头至手者为空手拜，战栗变动之拜为振拜，拜而后稽颡者为吉拜，稽颡而后拜者为凶拜，先屈一膝者为奇拜，再拜者为褒拜，且俯下手者为肃拜。大抵门外之拜，皆东西面，堂上之拜，均北面，室中房中之拜，则以西面为敬。臣与君行礼，皆堂下再拜稽首；君辞则升成拜，拜必互答。凡为人使者，不答拜。凡拜送之礼，送者拜，去者不答拜。丈夫坐而拜，妇人兴而拜，其重拜则极地。

（四）坐立行走之俗。古皆席地而坐，坐必正席。客至于寝门，则主人请入为席。非饮食之客，则布席。席间函丈，主人跪正席，客跪抚席而辞；客彻重席，主人固辞，客践席乃坐。虚坐尽后，食坐尽前。堂上行礼之法，立则不脱屦，坐则脱屦。尊卑在室，则尊者脱屦于户内，余则脱屦于户外。尊卑在堂，亦尊者一人脱屦于堂上，余皆脱屦于堂下；爵位相均，则主宾皆脱屦于堂下。凡立必正方，不中门。以物相授受者，必立而不坐。其趋行之法有二：一为徐趋。君趋接武，大夫继武，士中武；其行皆足不离地，举前曳踵。一为疾趋。直身速行，屦头屡起，而手足仍直正，不得邪低摇动。又依《尔雅》之说，则古之行步，视地而异名。室中谓之"时"，堂上谓之"行"，堂下谓之"步"，门外谓之"趋"，中庭谓之"走"，大路谓之"奔"。

（五）相见执挚之俗。凡与尊者相见，必有所执，以将其意，是谓之挚。天子用鬯，诸侯用圭，孤用皮帛，卿用羔，大夫用雁，士用雉，庶人用鹜，工商用鸡。野外军中无挚，则以缨拾矢。凡宾执挚以见，主人必辞；故士见士，及士见大夫，主人皆辞挚。两士相见，则以宾向时所执者还之于宾，宾亦辞让而后受。士见大夫，则主人俟宾既出，还其挚于门外。臣见于君，则不还挚。若此国之臣以挚见他国之君，君亦使摈还其挚。妇人之挚，枣、栗、腶、脩；无挚，则不能成礼。

凡此皆当时之习惯风俗，不必即谓之礼。而诸书载之甚详，以为周旋进退之节，无在不寓礼意焉。故中国古代所谓“礼”者，实无乎不包，而未易以一语说明其定义也。

第十节 乐舞

羲、农以来，虽已有乐，而其详不可考。古书之言乐者，殆莫详于《周礼》。汉人以《周官·大宗伯》之《大司乐》章，为乐人之专书。

> 《汉书·艺文志》：“六国之君。魏文侯最为好古。孝文时，得其乐人窦公，献其书，乃《周官·大宗伯》之《大司乐》章也。”

世遂以为《乐经》。盖古《乐》既亡，惟此犹可推见其概也。

言乐必本律吕，世传黄帝初命伶伦作律。

> 《吕氏春秋·古乐》："昔黄帝令伶伦作为律……制十二筒，以听凤凰之鸣，以别十二律。其雄鸣为六，雌鸣亦六。以比黄钟之宫，适合。黄钟之宫皆可以生之，故曰黄钟之宫，律吕之本。"

《书》亦有六律、五声、八音之文，而未详举其目。至《周官》始备言六律、六同，

> 《周官·大师》："掌六律、六同，以合阴阳之声。阳声，黄钟、大蔟、姑洗、蕤宾、夷则、无射；阴声，大吕、应钟、南吕、函钟、小吕、夹钟。"

及五声、八音，

> 《大师》："皆文之以五声，宫、商、角、徵、羽；皆播之以八音，金、石、土、革、丝、木、匏、竹。"

辨声和乐之法。

> 《典同》："掌六律、六同之和，以辨天地四方阴阳之声，以为乐器。凡声，高声䃂，正声缓，下声肆，陂声散，险声敛，达声赢，微声韽，回声衍，侈声筰，弇声郁，薄声甄，厚声石。凡为乐器，以十有二律为之度数，以十有二声为之齐量。凡和

乐亦如之。”

言律吕度数者，固无有先于此书者矣。

《国语·周语》：“伶州鸠曰：律所以立均出度也。古之神瞽，考中声而量之以制，度律均钟，百官轨仪，纪之以三，平之以六，成于十二，天之道也。”（其人在景王时，已在春秋末世矣。）

言乐必兼舞，古舞之目，亦备于《周官》。

《大司乐》：“以乐舞教国子。舞《云门》《大卷》《大咸》《大磬》《大夏》《大濩》《大武》；以六律、六同、五声、八音、六舞大合乐……乃奏黄钟，歌大吕，舞《云门》，以祀天神；乃奏大簇，歌应钟，舞《咸池》，以祭地祇；乃奏姑洗，歌南吕，舞《大磬》，以祀四望；乃奏蕤宾，歌函钟，舞《大夏》，以祭山川；乃奏夷则，歌小吕，舞《大濩》，以享先妣；乃奏无射，歌夹钟，舞《大武》，以享先祖。”（郑《注》：《咸池》，《大咸》也。）

虽《大卷》未知所本，而《云门》《咸池》《韶》《夏》《濩》《武》之名，皆可信为累代相传之乐舞。

《乐纬稽耀嘉》：“黄帝乐曰《云门》。”《庄子·天下》：“黄帝张《咸池》之乐，于洞庭之野。”《墨子·三辩》：“汤因先王之乐，又自作乐，命曰《护》，又修《九招》。”

《吕氏春秋·古乐》称黄帝命伶伦与荣将铸十二钟，以和五音，以施英韶，命之曰《咸池》。帝舜令质修《九招》《六列》《六英》，以明帝德。禹命皋陶作为《夏籥》九成，以昭其功。汤命伊尹作为《大护》，歌《晨露》，修《九招》《六列》，以见其善。武王伐殷克之，乃命周公为作《大武》。

大舞之外，复有小舞、

《乐师》：“教国子小舞。”

韎舞、

《韎师》：“掌教韎乐，祭祀则帅其属而舞之。”

籥舞、

《籥师》：“掌教国子舞羽龡籥，祭祀则鼓羽籥之舞。”

燕乐之舞。

《旄人》：“掌教舞散乐、舞夷乐，凡四方之以舞仕者属焉。凡祭祀宾客，舞其燕乐。”

盖乐之为用，全在声容兼备，有声而无容，不得谓之乐。周之乐舞，上备先代，旁及夷野，于历史相传之功德；各地人民之习尚，罔不修举。此其乐之所以盛也。

后世言乐者，多注重于律吕，研究黍尺，聚讼纷如，而于舞法罕言之。制氏所纪之铿锵鼓舞，后亦不传。

> 《汉书·艺文志》："制氏以雅乐声律，世在乐官，颇能纪其铿锵鼓舞，而不能言其义。"

惟《乐记》略言其事：

> "且夫武始而北出；再成而灭商；三成而南；四成而南国是疆；五成而分，周公左，召公右；六成复缀以崇。天子夹振而驷伐，盛威于中国也。"孔颖达《疏》："'武始而北出'者，谓初舞位，最在于南头，从第一位而北出者，次及第二位，稍北出者作乐，一成而舞，象武王北出观兵也。'再成而灭商'者，谓作乐再成，舞者从第二位至第三位，象武王灭商。……'三成而南'者，谓舞者从第三位至第四位，极北而南反，象武王克商而南还也。'四成而南国是疆'者，谓武曲四成，舞者从北头第一位，却至第二位，象武王伐纣之后，南方之国，于是疆理也。'五成而分，周公左，召公右'者，从第二位至第三位，分为左右，象周公居左，召公居右也。'六成复缀以崇'者，缀谓南头初位，舞者从第三位南至本位，故言'复缀以崇'。崇，充也。……而驷伐者，'驷'当为四。四伐谓击刺作武乐之时，每一奏之中，而四度击刺，象武王伐纣四伐也。"

贾公彦释《周官》言乐之六变、八变、九变，亦以其法推之。

《周官·大司乐》："凡乐，圜钟为宫，黄钟为角，大蔟为徵，姑洗为羽。雷鼓雷鼗，孤竹之管，云和之琴瑟，《云门》之舞。冬日至，于地上之圜丘奏之。若乐六变，则天神皆降，可得而礼矣。凡乐，函钟为宫，大蔟为角，姑洗为徵，南吕为羽。灵鼓灵鼗，孙竹之管，空桑之琴瑟，《咸池》之舞。夏日至，于泽中之方丘奏之。若乐八变；则地示皆出，可得而礼矣。凡乐，黄钟为宫，大吕为角，大蔟为徵，应钟为羽。路鼓路鼗，阴竹之管，龙门之琴瑟，九德之歌，《九磬》之舞，于宗庙之中奏之。若乐九变，则人鬼可得而礼矣。"贾公彦《疏》："言六变、八变、九变者，谓在天地及庙庭而立四表，舞人从南表向第二表，为一成。一成则一变。从第二至第三为二成；从第三至北头第四表，为三成；舞人各转身南向，于北表之北，还从第一至第二，为四成；从第二至第三，为五成；从第三至南头第一表，为六成；则天神皆降。若八变者，更从南头北向第二，为七成；又从第二至第三，为八成。地祇皆出。若九变者，又从第三至北头第一，为九变；人鬼可得而礼焉。此约周之《大武》，象武王伐纣；……《大护》已上，虽无灭商之事，但舞人须有限约，亦应立四表，以与舞人为曲别也。"黄以周曰："大武立四表，昉诸大司马田猎之法。田猎立表自南始，故以至北之表为后表。而田猎之行自北始，故郑注以初鼓及表，自后表前至第二；又鼓及表，自第二前至第三；三鼓及表，自第三前至前表；四鼓而退，及表，自前表至后表。准郑此注，则武始北出，自北表前出至第二表，再成，自第二至第三表，所谓再始以着往也。三成而南，自第三前至南表，所谓周德自北而南也。四成而南国是疆，自南表回至第三表，所谓复乱以饬归也。至六成，又自第二表回至北表，复缀以崇，所谓乐终而德尊也。至圜丘奏乐六变，用《云门》，方丘奏乐八变，用《咸池》，宗庙奏乐九变，用《九磬》，其舞之行列，未必同于《大武》。贾《疏》仍以《大武》约之，固未必然。又因九变欲至北表以象归，遂谓武舞北出自南起，更属难信。”

虽其说未必尽然，然欲考古舞者之地位及节奏，亦可于此略见一斑焉。

古乐陈列之法，见于《周官》，谓之“乐县”。

《周官·小胥》：“正乐县之位。王宫县，诸侯轩县，卿大夫判县，士特县，辨其声。凡县钟磬，半为堵，全为肆。”

其法不见于他书，惟《仪礼·大射仪》陈列乐器之法，可证轩县之制。而宫县之类，亦可以此推之。

《仪礼·大射》：“乐人宿县于阼阶东，笙磬西面，其南笙钟，其南镈，皆南陈。建鼓在阼阶西，南鼓，应鼙在其东南鼓。西阶之西，颂磬东面，其南钟，其南镈，皆南陈。一建鼓在其南东鼓，朔鼓在其北，一建鼓在西阶之东南面，簜在建鼓之间，鼗倚于颂磬西纮。”

江藩《乐县考》曰：“由此推之，宫县四面皆县一肆，钟一堵，磬一堵，有镈，有建鼓，有应鼙。西县之制，同于东县，惟笙磬笙钟，颂磬颂钟，应鼙朔鼙，异其名耳。据此，则南面一肆，北面一肆，亦必有钟、磬、镈，有鼓有鼙，而钟磬之名不可考。”

县器之外，琴瑟在堂，节以搏拊。

《尚书大传·虞夏传》：“古者，帝王升歌清庙，大琴练弦达越，大瑟朱弦达越，以韦为鼓，谓之搏拊。”黄以周曰：“《周官》大师、小师两职并云‘登歌击拊’，周之搏拊，亦在堂上。”又曰：“周之升歌，亦当有琴。燕射诸礼，堂上有瑟无琴，盖诸侯待大夫，礼杀而下就也。”

埙敔之类，陈于县外。

《乐县考》（江藩）：“乐备八音，见于《仪礼》者；钟镈，金也；磬，石也；鼓、鼙、鼗，革也；琴、瑟，丝也；簜、匏，竹也。八音之内，所少者惟土与木耳。则宫县之外，尚有土音之埙，木音之敔。贾公彦曰：‘自余乐器，陈于外也。’”

奏乐之次序，以器之上下为先后。奏堂上之乐曰“登歌”，奏堂下之乐曰“下管”。

《周官·大师》：“大祭祀，师瞽登歌，令奏击拊。下管，播乐器，令奏鼓楝。”

《小师》：“大祭祀，登歌击拊；下管，击应鼓。”

次则笙入间歌，

《仪礼·乡饮酒礼》："笙入堂下，磬南北面立，乐《南陔》《白华》《华黍》……乃间歌《鱼丽》，笙《由庚》；歌《南有嘉鱼》，笙《崇丘》；歌《南山有台》，笙《由仪》。"郑《注》："笙，吹笙者也。以笙吹此诗以为乐也。间，代也，谓一歌则一吹。"

次大合乐，

《乡饮酒礼》："乃合乐。《周南》：《关雎》《葛覃》《卷耳》；《召南》：《鹊巢》《采蘩》《采蘋》。"郑《注》："合乐，谓歌乐与众声俱作。"贾《疏》："合乐，谓'歌乐与众声俱作'者，谓堂上有歌瑟，堂下有金磬，合奏此诗，故云'乐声俱作'。"

次兴舞。

孙诒让曰："凡舞在合乐之后，《燕礼》记云：'遂合乡乐，若舞则《勺》。'注云：《勺》，颂篇。既合乡乐，万舞而奏之，是也。"

其天子诸侯之乐，又有金奏。

黄以周曰："乐有六节，一曰金奏，二曰升歌，三曰下管笙入，四曰间歌，五曰合乐，六曰无算乐。上得下就，下不得上取。”孙诒让曰：“凡天子诸侯之乐，以升歌为第一节，下管为第二节，间歌为第三节，合乐为第四节，每节皆三终。大夫、士之乐，唯无下管，而以笙入为第二节，余三节并同。天子诸侯又有金奏，以迎尸、送尸、迎宾、送宾，谓之先乐。”

钟师掌之，而听令于大司乐。

《周官·钟师》：“掌金奏。凡乐事，以钟鼓奏九夏：《王夏》《肆夏》《昭夏》《纳夏》《章夏》《齐夏》《族夏》《裓夏》《骜夏》。”

《大司乐》：“王出入则令奏《王夏》，尸出入则令奏《肆夏》，牲出入则令奏《昭夏》。”郑《注》：“王出入奏《王夏》，尸出入奏《肆夏》，牲出入奏《昭夏》，四方宾来奏《纳夏》，臣有功奏《章夏》，夫人祭奏《齐夏》，族人侍奏《族夏》，客醉而出奏《陔夏》，公出入奏《骜夏》。”

古所谓乐者，大致如是。今人不惟不知律吕，并舞器位次，管弦终节，都不深考，第习后世之乐器，杂奏而漫举之，便曰国乐，实至可怪之事也。海宁王国维有《乐诗考略·释乐次》篇，综诸书而定其次，今附录之：

凡乐，以金奏始，以金奏终。金奏者，所以迎送宾，亦以优天子诸侯及宾客，以为行礼及步趋之节也。凡金奏之诗以九夏。大夫、士有送宾之乐，而无迎宾之乐。其送宾也，以《陔夏》，诸侯迎以《肆夏》，送以《陔夏》，天子迎以《肆夏》，送以《肆夏》。而天子、诸侯出入，又自有乐。其乐，天子以《王夏》，诸侯以《骜夏》。诸侯大射，惟人用乐。金奏既阕，献酬习礼毕，则工升歌。升歌者，所以乐宾也。升歌之诗以《雅》《颂》。大夫、士用《小雅》，诸侯燕其臣及他国之臣，亦用《小雅》。两君相见，则用《大雅》，或用《颂》；天子则用《颂》焉。升歌既毕，则笙入，笙之诗，《南陔》《白华》《华黍》也。歌者在上，匏竹在下，于是有间有合。间之诗，歌则《鱼丽》《南有嘉鱼》《南山有台》，笙则《由庚》《崇丘》《由仪》也。合之诗，《周南》：《关雎》《葛覃》《卷耳》；《召南》：《鹊巢》《采蘩》《采蘋》也。自笙以下诸诗，大夫、士至诸侯共之。诸侯以上，礼之盛者，以管易笙，笙与歌异工，故有间歌，有合乐；管与歌同工，故升而歌，下而管，无间歌合乐。下管之诗，诸侯新宫，天子象也。凡升歌用《雅》者，管与笙均用《雅》；升歌用《颂》者，管亦用《颂》。凡有管，则有舞；舞之诗，诸侯《勺》，天子《大武》《大夏》也。凡金奏之乐，用钟鼓，天子、诸侯全用之，大夫、士鼓而已。歌用瑟及搏拊，笙与管皆如其名；舞则《大武》用干戚，《大夏》用羽籥。”

第十一节 王朝与诸侯之关系

前所述之十节，周之政教大端粗具矣。要而论之，其体国经野，设官分职之精意，虽兼王朝及侯国而言，而其根本仅在天子都城及六乡、六遂之区域。虽推其功效，固足使诸侯仿行，合无数之乡、遂，而成一大国。

> 《书·费誓》："鲁人三郊三遂。"即仿天子之制，为三乡三遂也。

然以周代万里之幅员，而政治之精神，仅见于方四百里之乡、遂，外此之五等诸侯，皆非天子号令之所及，则周天子不过一模范之侯封，不足为四海共主也。吾人今日所当知者，周之制度，小则比、闾、族、党，行政皆民选之官；大则侯、卫、要、荒，率土守王朝之法。其相维相系之妙用，均散见于《周官》。故熟观《周官》，则知周之封建，虽分权于各国，而中央政府之政令固亦无不达于诸侯之虞。其组织各国而成一大国，俨如今人所谓有机体，绝非后世苟且补苴之制所可比也。《周官》所言王朝与诸侯之关系，自封畿画土外，其最要者六事。

（一）曰命官，其官制定于太宰。

> 《周官·太宰》："施典于邦国，而建其牧，立其监，设其参，傅其伍，陈其殷，置其辅。"

而典命掌其命数，

> 《典命》："掌诸侯之五仪，诸臣之五等之命。上公九命为伯，侯伯七命，子男五命，公之孤四命，其卿三命，其大夫再命，其士一命；侯伯之卿大夫士亦如之。子男之卿再命，其

大夫一命，其士不命。”

由内史策命之。

《内史》：“凡命诸侯及孤卿大夫，则策命之。”

侯国之卿未受命于天子者，则谓之小卿，其区别至严也。

《仪礼·大射》“小卿”，郑《注》“小卿，命于其君者也。”

（二）曰贡物，其别有二：
一则每岁常贡，令春入之。

《周官·小行人》：“令诸侯春入贡。”贾《疏》：“此云贡，即太宰九贡，是岁之常贡也。必使春入者，其所贡之物，并诸侯之国出税于民，民税既得，乃大国贡半，次国三之一，小国四之一，皆市取美物，必经冬至春，乃可入王，以是令春入之也。”

其目有九，

《太宰》：“以九贡致邦国之用。一曰祀贡，二曰嫔贡，三曰器贡，四曰币贡，五曰材贡，六曰货贡，七曰服贡，八曰斿贡，九曰物贡。”

皆有定法。

《司会》："以九贡之法，致邦国之财用。"

一则因朝而贡，各有年限。

《大行人》："侯服，岁一见，其贡祀物；甸服，二岁一见，其贡嫔物；男服，三岁一见，其贡器物；采服，四岁一见，其贡服物；卫服，五岁一见，其贡材物；要服，六岁一见，其贡货物；蕃国，世一见，各以其所贡宝为挚。"贾《疏》："此因朝而贡，与太宰九贡及小行人春入贡者别。彼二者是岁之常贡也。"

其贡物皆入于太府，以共王朝对于邦国之用。

《太府》："掌九贡、九赋、九功之贰，以受其货贿之入。……凡邦国之贡，以待吊用。"

盖王朝之财政，自以万民之贡充府库，初不利诸侯之贡而有所私也。

（三）曰盟约，自诸侯至万民皆有焉。

《司约》："掌邦国及万民之约剂，治神之约为上，治民之约次之，治地之约次之，治功之约次之，治器之约次之，治挚之约次之。凡大约剂书于宗彝，小约剂书于丹图。"

《司盟》："掌盟载之法。凡邦国有疑，会同，则掌其盟约之载及其礼仪，北面诏明神；既盟，则贰之。盟万民之犯命者，诅其不信者，亦如之。凡民之有约剂者，其贰在司盟。"

其大者则登于天府。

《大司寇》："凡邦之大盟约，莅其盟书，而登之于天府。太史、内史、司会及六官，皆受其贰而藏之。"

盖其时尚以神道设教，故人事之不可信者，恃盟约以坚之。然当时之王朝，与诸侯万民订约，或诸侯与诸侯，或诸侯与万民，或此国之民与他国之民立约，其事之多，可由此推见矣。

（四）曰朝聘。其法甚多，约之则有君臣二者之礼。

《小行人》："朝、觐、宗、遇、会、同，君之礼也，存、覜、省、聘、问，臣之礼也。"

而行人之官掌之。

《大行人》："掌大宾之礼及大客之仪，以亲诸侯。春朝诸侯，而图天下之事；秋觐，以比邦国之功；夏宗，以陈天下之谟；冬遇，以协诸侯之虑；时会，以发四方之禁；殷同，以施天下之政；时聘，以结诸侯之好；殷覜，以除邦国之慝；间问，以谕诸侯之志；归脤，以交诸侯之福；贺庆，以赞诸侯之喜；致绘，以补诸侯之灾。……王之所以抚邦国诸侯者，岁遍存；三岁，遍覜；五岁，遍省；七岁，属象胥、谕言语、协辞命；九岁，属瞽史，谕书名，听声音；十有一岁，达瑞节，同度量，成牢礼，同数器，修法则；十有二岁，王巡守殷国。”

盖君臣之礼，各有政治之关系，非徒以联情好，饰仪文也。

（五）曰刑罚，邦国之狱讼，既有邦典，

《大司寇》：“凡诸侯之狱讼，以邦典定之。”

其轻重，又各以性质为区别。

《大司寇》：“掌建邦之三典，以佐王刑邦国，诘四方。一曰刑新国，用轻典；二曰刑平国，用中典；三曰刑乱国，用重典。”

布宪为之布告，

《布宪》：“掌宪邦之刑禁。正月之吉，执旌节以宣布于四方。而宪邦之刑禁，以诘四方邦国，及其都鄙，达于四海。”

而讶士专掌折狱焉。

《讶士》：“掌四方之狱讼，谕罪刑于邦国；凡四方之有治于士者造焉。四方有乱狱，则往而成之。”

至诸侯之大罪，则有九伐之法：

《大司马》："以九伐之法正邦国。冯弱犯寡则眚之，贼贤害民则伐之，暴内陵外则坛之，野荒民散则削之，负固不服则侵之，贼杀其亲则正之，放弑其君则残之，犯令陵政则杜之，外内乱、鸟兽行则灭之。"

盖天子六军，倍于大国之军数，故不患其不服也。

（六）曰哀恤。国有福事，既有庆贺之礼，其他不幸之事，则行人往而哀恤之。

《小行人》："若国札丧，则令赙补之；若国凶荒，则令赒委之；若国师役，则令槁襘之；若国有福事，则令庆贺之；若国有祸灾，则令哀吊之。"

掌客为之杀礼。

《掌客》："凡礼宾客，国新杀礼，凶荒杀礼，札丧杀礼，祸灾杀礼。"

盖王朝与诸侯，内外一体，无论常变，皆与有关系也。

吾考周时王朝与诸侯国之组织，固皆以政法为之枢，而文字之功与宣传之力，尤有关于中外之维系。考之《周官》，当时各国咸有方志，小史、外史、诵训诸官掌之。

《小史》："掌邦国之志，奠系世，辨昭穆。"

《外史》："掌四方之志。"

《诵训》："掌道方志，以诏观事。"

王朝之人，既熟悉其历史，而各国特别之情况，行人又时时调查而为专书。

《小行人》："掌邦国宾客之礼籍……及其万民之利害为一书。其礼俗、政事、教治、刑禁之逆顺为一书。其悖逆、暴乱、作慝犹犯令者为一书。其札丧、凶荒、厄贫为一书。其康乐、和亲、安平为一书。凡此五物者，每国辨异之，以反命于王，以周知天下之故。"

训方氏又为之诵道。

《训方氏》："掌道四方之政事，与其上下之志，诵四方之传道。正岁，则布而训四方，而观新物。"

故王国之人，能周知天下之故，而四方无隐情焉。王国统一四方之文字，既有行人谕之，外史又专掌其命令，并达书名。

《外史》："掌书外令……掌达书名于四方；若以书使于四方，则书其令。"

则王国之书之传播于外，亦可见矣。文字之宣传与口语之宣传，相为因也。《周官》有撢人及掌交等官，以口语宣传为专职。

《撢人》："掌诵王志，道国之政事，以巡天下之邦国而语之；使万民和说，而正王面。"

《掌交》："掌以节与币，巡邦国之诸侯，以及万民之所聚者。道王之德意志虑，使咸知王之好恶，辟行之；使和诸侯之好，达万民之说，掌邦国之通事而结其交好。"

而象胥之传言语，且及于蛮夷、闽貉、戎狄之国。

《象胥》："掌蛮夷、闽貉、戎狄之国，使掌传王之言，而谕说焉，以和亲之。若以时入宾，则协礼与其辞言传之。"

故内外皆无隔阂，不但诸侯对于王朝靡所隐蔽，即诸侯对于诸侯，及诸侯之民对于他国之民，亦可以无扞格、龃龉之意，其立法之意深矣。

第十二节 结论

综观上举十一节，而《周礼》《仪礼》二书之时代功效性质，乃可推论。盖使西周时代无此一种制度，纯出于战国或汉代儒家之伪造，则《春秋》内外传所纪，《诗》《书》所称一切皆无来历。例如《国语》纪陈灵公时事：

> 《国语·周语》："定王使单襄公聘于宋。遂假道于陈，以聘于楚。火朝觌矣，道茀不可行，侯不在疆，司空不视涂，泽不陂，川不梁，野有庾积，场功未毕，道无列树，垦田若蓺，膳宰不致饩，司里不授馆，国无寄寓，县无施舍。""周之《秩官》有之曰：敌国宾至，关尹以告，行理以节逆之，候人为导，卿出郊劳，门尹除门，宗祝执祀，司里授馆，司徒具徒，司空视涂，司寇诘奸，虞人入材，甸人积薪，火师监燎，水师监濯，膳宰致饔，廪人献饩，司马陈刍，工人展车，百官以物至，宾入如归。是故小大莫不怀爱。其贵国之宾至，则以班加一等，益虔。至于王吏，则皆官正莅事，上卿监之。若王巡守，则君亲监之。"

使春秋以前，周代固有若干典章，列国皆奉行惟慎，举凡朝聘之仪，官司之守，道路之政，田地之制，皆有详细条文，则单襄公对于陈国之腐败，何必骇怪，而伪造此等言论以讥刺之？若谓列国各行其法，可以因人事而进化，则彼此朝聘，为何时所订之公约，不但春秋时之国家，绝无此等人物，即《诗》《书》所载诸侯，如鲁伯禽、召穆公、卫武公、晋文侯、秦非子等，皆无此魄力也。若谓周家立法，随时改进，则夷、厉以降，王朝已衰，更不能创立典章颁行各国矣。周室盛时惟成、康、昭、穆四代，而《左传》称"昭王南征而不反"，《国语》称"穆王征犬戎，荒服者不至"，其时已逊于成、康。故谓穆王时绍述周公《职方》之文则可，谓穆王作

《职方》则不可也。曰：然则官礼之文，其效也可睹矣。成、康在位五十余年。

> 《通鉴外纪》："成王在位三十年，通周公摄政三十七年，康王在位二十六年。"

而王道遂微缺，

> 《史记·周本纪》："昭王之时，王道微缺。"

周公制礼，复何足称？曰：是当以孔子及朱子之言释之。

> 《礼记·中庸》："孔子曰：文、武之政，布在方策。其人存，则其政举；其人亡，则其政息。"

此如共和政体，行之美国而治，行之墨西哥而乱。良法美意，待人而行，不得以世乱之因全归之于法制也。

> 《朱子语类》卷八十六："大抵说制度之书，惟《周礼》《仪礼》可信，《礼记》便不可深信。《周礼》毕竟出于一家，谓是周公亲笔做成，固不可，然大纲却是周公意思。某所疑者，但恐周公立下此法，却不曾行得尽。"

其行者，已致刑措之效；其不尽行者，遂开后世之衰，是亦无所用其讳饰也。

周之礼教，虽至衰乱之世，亦非全不奉行，观《诗·宾之初筵》之诗可见：

宾之初筵，左右秩秩。笾豆有楚，殽核维旅。酒既和旨，饮酒孔偕。钟鼓既设，举酬逸逸。大侯既抗，弓矢斯张。射夫既同，献尔发功。发彼有的，以祈尔爵。籥舞笙鼓，乐既和奏。烝衎烈祖，以洽百礼。百礼既至，有壬有林。锡尔纯嘏，子孙其湛。其湛曰乐，各奏尔能。宾载手仇，室人入又。酌彼康爵，以奏尔时。宾之初筵，温温其恭。其未醉止，威仪反反。曰既醉止，威仪幡幡。舍其坐迁，屡舞仙仙。其未醉止，威仪抑抑，曰既醉止，威仪怭怭。是曰既醉，不知其秩。宾既醉止，载号载呶。乱我笾豆，屡舞僛僛。是曰既醉，不知其邮。侧弁之俄，屡舞傞傞。既醉而出，并受其福。醉而不出，是谓伐德。饮酒孔嘉，维其令仪。凡此饮酒，或醉或否。既立之监，或佐之史。彼醉不臧，不醉反耻。式勿从谓，无俾大怠。匪言勿言，匪由勿语。由醉之言，俾出童羖。三爵不识，矧敢多又。

此诗，《小序》以为幽王时卫武公刺时之诗。即谓《小序》不可信，不能确指其为何时何人之作，以《诗》之次序论，在《节南山》《谷风》诸诗之后，《鱼藻》诸诗之先，其为西周衰乱之时之诗无疑也。观其初筵，实即燕射之礼；宾之威仪温恭，颇守礼法。至于既醉之后，侧弁屡舞，则为衰世之风。然立监佐史，仍与燕礼、乡射礼之立司正相合；三爵献酬，亦同于礼。足知昭、穆以降，并非举先代所制之礼，一概废弃，惟行之不合于礼意，则诗人从而刺之。当时诗人娴于礼教，又可因此而见矣。

近世西人，多有研究《周礼》者，法人俾优（Edouard Constant Biot, 1803—1850）曾以法文译之（*Le Tcheou-li, trad. du chinois*），德人夏德（Friedrich Hirth）所著《中国古代史》（*The Ancient History of China*）多称引其说。如曰：

> 《周礼》为周代文化生活最重的典据，亦为后代之向导，对于为政家之模范，永受世人之尊重，殆无可疑。其于国民之教养，实居重大的位置。世界之书籍中，罕见其匹俦。且其关于公共生活及社会生活，详细说明，与陶冶后代之国民，具有非常之势力。因袭之久，世人因此详细之规定，殊不能任意而行，社会万般之生活，无论一言一行，无不依其仪式。俾优氏以为此等详细的规矩，其主要之目的，惟在使人除去公私之生活上放纵粗野之行动，使肉体与道德共具有一定不变之性格，更于其上筑成一不变易状态之政府焉。俾优氏此言，不可谓非卓识。中国王朝虽屡变更，彼等中国人，自《周礼》之时代至于现今，对于此种仪式因袭的尊敬之结果，至于使中国与中国人，国家与国民，均具有巩固不变之性质云。

虽其观察吾国政教礼俗，未能得其真际，而谓《周礼》为陶冶后代国民性之具，亦不可谓无见也。